대치동 1등급
입시 솔루션

대치동 1등급
입시 솔루션

초판 인쇄일 2025년 3월 18일
초판 발행일 2025년 3월 25일

지은이 김학수
발행인 박정모
발행처 도서출판 혜지원
등록번호 제9-295호
주소 경기도 파주시 회동길 445-4(문발동 638) 302호
전화 031)955-9221~5
팩스 031)955-9220
홈페이지 www.hyejiwon.co.kr
인스타그램 @hyejiwonbooks

기획·진행 김태호
디자인 김보리
영업마케팅 김준범, 서지영
ISBN 979-11-6764-084-0
정가 19,000원

대치동 1등급
입시 솔루션

초중등부터 준비하는
김학수 소장의 입시&학습 전략

김학수 지음

혜지원

성공하는 아이로 키우는 세 요소
'입시, 학습, 교육'

아이의 꿈이 없어요. 그래서 목표가 없고요.
우리 아이, 어떻게 키워야 할까요….

시중에는 아이의 교육과 관련한 좋은 책, 좋은 프로그램이 넘쳐납니다. 그런데도 어떻게 교육하는 것이 맞는지 막연하게 느낄 때가 종종 있으실 것입니다. 어떠한 상황 속에서 아이의 교육방식을 어떻게 하는 것이 맞는지, 또 이런 방향으로 나아가는 것이 맞는지 한 번쯤은 확인하고 싶을 때도 있을 것입니다. 정보가 넘쳐나는 만큼, 어떤 정보가 올바른 정보인지, 어떤 정보가 나와 내 아이에게 도움을 주는 정보인지를 파악하는 것이 중요해졌습니다.

특히 입시 제도는 교육에 대한 고민을 하는 이유이자, 그만큼 익히기에 가장 어려운 영역이기도 합니다. 지난 20여 년간 하나고등학교 교사 및 입시연구소장으로 있으며 수많은 부모님을 만났습니다. 아이의 연령과 상관없이 대다수 부모님은 입시에 대해 대략은 알고 있었지만 구체적인 로드맵을 짜는 것을 어려워했습니다. 부모님의 이러한 고민을 덜기 위해,

입시에 대해 쉽게 알려드리고 이를 기반으로 한 장기적인 로드맵을 그려 나갈 수 있도록 책을 집필했습니다.

이 책은 아이들의 잠재력과 성장 가능성에 초점을 두고, 한계에 대한 **도전을 통해 충분히 목표를 이룰 수 있다는 내용을 담고 있습니다.** 어떤 상황 속에서도 아이들에게 한계를 정해 놓지 마시고, 어떻게 하면 더 좋은 방향으로 갈 수 있을지 방향을 찾는 데 도움이 되셨으면 합니다.

아이의 성장에는 다양한 것이 함께 수반됩니다. 대표적으로 교육, 학습, 입시 이 세 가지는 아이의 성공적인 미래에 있어 꼭 함께 가야 하는 요소들입니다.

1, 2, 3장 '입시' 파트는 대입과 고입을 중심으로 향후 교육과정이 변화하는 흐름을 살펴봅니다. 입시라는 동기부여를 통해 현재보다 더 열심히 공부할 수 있게 하도록, 구체적인 입시 내용을 담았습니다. 아이를 좋은 중학교와 고등학교에 보내려고 하는 이유는 무엇보다도 좋은 대학을 보내기 위해서일 것입니다. 그러기 위해서는 아이가 초등·중학생일 때부터 부모님께서 큰 틀에서 대입을 이해해야 합니다. 정시와 수시로 나눠지는 대입의 종류와 전략, 특목·자사고 등 다양한 고등학교 유형마다 나눠지는 고입을 이해한 뒤에 더 구체적으로 아이에게 맞는 전략을 적용시킨다면 입시에서 성공을 거둘 수가 있습니다.

4장 '학습' 파트는 초등학교/중학교로 구분하여 주요 과목별 학습법에 대한 내용을 담았습니다. 선행은 많이 하는 것이 중요한 것이 아니라, 각자의 역량에 맞게 하는 것이 중요합니다. 아이에게 맞지 않는데 이를 억지로 끌고 가다가는 아이들이 금방 지치고 포기하는 경우가 많습니다. 과연 우리 아이는 자신의 상황에 맞게 공부를 즐기면서 가고 있는지요. 최대한 주요 과목별로 학습의 방향과 체크해야 할 요소들을 담았으니, 아이에게 적용해보며 성공적인 입시를 위한 학습 로드맵을 잘 잡아주셨으면 합니다.

마지막으로 5장 '교육' 파트에서는 아이가 가져야 할 마음가짐과 부모님의 자녀 지도법을 담았습니다. 교육은 '백년지대계'라는 말이 있듯이, 짧은 기간 동안 큰 성장을 바라는 것보다는 긴 기간 동안 올바른 방향으로 가게 만들어주는 것이 중요합니다. 저 또한 전직 교사로서 학교 등에서 다양한 아이들을 지도하며 깨달은 점이 있는데, 아이들을 어떻게 교육하느냐에 따라 아이의 성장이 달라진다는 점입니다. '코이'라는 물고기는 자라는 장소의 크기에 따라 몸집도 달라지는 물고기로 유명합니다. 아이들 또한 현재 처해진 상황에서 어떠한 방식으로 어떻게 교육해야 하는지에 따라 역량 또한 커져갈 수 있습니다.

이 책은 넘쳐나는 정보의 홍수 속에서 아이에게 어떠한 정보를 어떻게 적용시키고, 또 아이가 어떻게 하면 입시와 학습, 교육에서 성공을 거둘 수 있는지를 담고 있습니다. 수년간 교육 현장에서 아이들과 학부모님께 꼭 들려드리고 싶은 이야기를 노트 한켠에 담아두었다가 이제서야 책으로 출간하게 되었습니다. 아무리 시중에 많은 책과 좋은 프로그램이 있더라도 우리 아이와 상관없게 느껴지시거나 막연하게 느껴지셨다면 이 책을 통해 쉽게 적용하는 방법을 찾으실 수 있을 것입니다.

물론 이러한 정보는 아이와의 대화와 소통을 전제로 활용해야 하며, 부모님은 조력자로서의 역할을 해야 합니다. 그 이상이 되어버린다면 아이들은 부모님의 이야기에 오히려 반감을 가질 수 있습니다. 책을 통해 아이에게 들려주고 싶은 이야기를 좀 더 체계적이고 진솔하게 하셔서, 아이가 주도적으로 로드맵을 그릴 수 있게 도움을 주셨으면 합니다.

완벽한 결과는 있어도 완벽한 출발은 없습니다. 혹시 지금 출발이 다른 사람보다 늦은 것 같다고 걱정하시나요. 걱정 마세요. 아이의 미래를 생각한다면 절대 늦은 것이 아닙니다. 이 책을 통해 지금부터 하나씩 공부하고 준비해나간다면 수많은 입시 정보의 홍수 속에서 갈등과 고민 없이, 대입에서 성공적인 결과를 가져올 것입니다.

어머님 아버님, 우리 아이들을 위해 삶의 길잡이가 되어주세요.

2025년의 시작 어느 날, 대치동 한복판에서

저자 김학수

1장

현행 입시를 알아야
초중등부터 준비할 길이 보인다

1 어머님 아버님, 초등학생 때부터 대입에 관심을 가져야 합니다

2 2028 대입 개편에 따른 대입의 변화

3 2028 대입 개편에 따른 서울대학교의 변화 예고

4 입시를 알면 아이와 소통이 가능하다

2장

고입부터 꼼꼼히 준비해야
대입이 순조롭다

3장

성공적인 입시를 위해
미리 준비하라

1 학교생활기록부는 잘 관리해야 할 중요한 증명서

2 평생 써먹는 자기소개서 작성법, 어려서부터 길들여라

3 면접에서 떨지 않는 아이로 만드는 방법

4장

초중등 주요 과목 학습 로드맵

1 초등 국어 학습 로드맵

엄마, 공부는 왜 해야 해요?

"엄마, 공부는 왜 해야 해요?"

공부하라고 책상 앞에 앉게 하면 이런 질문을 가끔 받아보셨
을 것입니다. 몇 초라도 공부에서 벗어나기 위해 한 질문이라고
넘기신 적이 많을 테지요. 한번 생각해볼까요? 공부는 왜 해야
하는 걸까요?

"좋은 대학에 가려고."
"좋은 직장에 다니려고."
"좋은 친구들을 사귀려고."
"학생의 본분은 공부니까!"

여러 가지 답을 해줄 수 있지만, 정답이 정해져 있는 그런 간
단한 질문은 아닙니다. 어떤 일이든 이유가 있고, 공부 역시 마
찬가지입니다. 동기를 부여하기 위해서라도 한번 공부의 목적을
생각해보시길 바랍니다.

저는 개인적으로 공으로 하는 구기 종목은 많이 좋아하는 편이지만 등산은 선뜻 내키지가 않습니다. 등산하기까지는 참 많은 시간과 결단이 필요합니다. 그러나 정상에 올랐을 때의 그 쾌감은 그 어떤 운동보다도 좋은 기억으로 남아있습니다. 한 번은 대학생 때, 친구와 함께 북한산을 등반한 적이 있었습니다. 코스는 고양시 효자동 쪽으로 올라가는 북한산성 코스였습니다. 정상까지 올라가는 데는 대략 3시간 남짓이 걸렸습니다.

고생 끝에 정상에 도달하여 맞은 그 시원한 바람은 수십 년이 지난 지금도 잊을 수가 없습니다. 그런데 정상에 올라서서 보니, 우리가 올라왔던 길 말고 또 다른 길이 보였습니다.

"우리 내려갈 때는 한번 다른 길로 가볼까?"

저는 친구의 말에 어차피 등산도 자주 못 하는데 오늘 실컷 운동이나 해보자고 맞장구치며 올라올 때와는 정반대 길인 우이동 방면으로 내려갔습니다. 우이동 방면의 코스는 북한산성 코스와는 또 다른 느낌이었습니다. 같은 북한산이지만 풍광이 달랐고, 피어 있는 꽃들의 종류와 모양, 내리쬐는 햇살과 서늘한 바람의 느낌도 달랐습니다. 비로소 정상에 섰을 때 또 다른 길의 선택지가 있다는 사실을 알게 된 것은 제게 매우 값진 경험이었습니다.

공부도 그렇습니다. 열심히 최선을 다해서 정상에 다다랐을 때야, 진로와 적성에 따라 내가 하고 싶은 일을 선택할 수 있는 길이 많아지는 것이죠. 정상에 서서 비로소 이 길로 가볼까 저 길로 가볼까 다양한 선택을 할 수 있으며, 또 다른 길로 가며 내가 더 좋아하는 것들을 찾아나서게 되는 것입니다.

그런데 만일 중간에 등반이 힘들다고 등산을 포기했다면 어땠을까요? 왔던 길로 다시 돌아가는 방법 말고는 다른 선택지가 없었을 것입니다. 공부 역시 마찬가지입니다. 중간에 힘들다고 포기한다면 내가 가고 있는 이 길 말고 또 다른 길이 있는지, 또 다른 선택지가 있는지 알지 못하는 것이죠.

산의 정상에 올랐다는 것은, 공부로 비교하면 실력이 최정점에 다다랐다는 것과 같습니다. 공부 실력이 최고에 이르렀을 때 의대를 가든 법대를 가든 혹은 전혀 다른 길을 선택하든 본인이 희망하는 진로를 주도적으로 선택할 수가 있을 것입니다. 장기적으로는 내가 좋아하는 일을 할 수 있는 기회가 많이 주어지고, 지성인으로서 더 나은 삶을 영위할 수 있게 되는 것입니다. 이것이 공부를 하는 이유입니다.

단순히 좋은 성적을 받으려고, 좋은 학교에 들어가려고, 남들
이 다 한다고, 친구들에게 인기를 얻으려고 하는 단편적인 이유를
내세우지는 말아주세요. 공부를 하기 전에 아이와 시간을 갖고 왜
공부해야 하는지에 대한 이유를 탐색해보세요. 그것이 성공적인
입시를 위한 첫걸음입니다.

1장

현행 입시를 알아야

초중등부터
준비할 길이
보인다

어머님 아버님,
초등학생 때부터
대입에 관심을 가져야 합니다

아이가 초등학생인데 벌써 대입이라뇨?

이 책을 쓰고 있던 2024년의 어느 가을날, 한 사설 기관에서 입시 초청 특강을 했을 때 인사를 나눴던 어머님이 있었습니다. 당시 특강의 주제는 대입과 관련된 설명회였습니다. 주제가 대입인지라 참석하신 분들의 대부분이 고등학생 학부모님들이었는데, 강의가 끝나자마자 바로 손을 든 한 어머님께서는 자신을 초등학교 4학년 아이를 둔 엄마라고 소개하였습니다. 그리고 제게 이런 질문을 하셨습니다.

"선생님, 저희 아이는 초등학생인데도 벌써부터 대입을 알아야 할까요?"

대입을 위한 설명회에서 대입을 알아야 하는지에 대한 질문이라니…. 하지만 저는 이 질문이 많은 초중등 어머님들께서 가지고 계시는, 그래서 결코 가벼운 질문이 아님을 알고 있습니다.

한창 뛰놀기 바쁜 초등학생 자녀에게 대입은 아직 먼 이야기 같아 보입니다. 초등학교 4학년을 기준으로 보면 대입은 무려 8년 뒤의 일입니다. 하지만 저는 그럼에도 "아이가 초등학생일 때부터 미리 대입을 알아두셔야 합니다"라고 말씀드립니다. 이 말의 뜻은 대입에 관한 모든 것을 다 알아야 한다는 뜻이 아닙니다. 정확히는 '변화하는 대입의 주요 전형과 현행 입시의 방향에 대해서 어느 정도 그 흐름을 이해해야 한다'는 점을 말씀드리는 것입니다.

단순히 아이와 관련된 현재의 정보에만 관심을 가진다면 미래를 내다보기가 어렵습니다. 미래를 내다보지 못하게 되면 구체적인 로드맵을 세우는 것이 어려워집니다. 이러한 점에서, 대입이 현재 어떠한 방식을 취하고 있으며 가까운 미래에 어떠한 방식으로 바뀌는지 등을 알면 아이에게 구체적으로 적용할 수 있는 현실적인 공부, 입시 전략을 세울 수 있게 됩니다. 대입을 앎으로써 고입에 관심을 가지게 되고, 고입을 이해함으로써 아이의 초등학교와 중학교 학교생활도 더 큰 시야로 바라볼 수 있는 것입니다.

실제로 얼마 전 입시상담을 오신 어머님 한 분은 제 설명회를 아이가 초등학생일 때부터 들으며 여러 방면으로 입시 공부를 해오셨다고 했습니다. 이야기를 나눠보니 대입 전문가 못지않은 입시 지식을 갖고 계셨습니다. 어머님이 입시에 대해서 잘 알고 계시니 아이와 같이 세운 대입 계획도 정말 훌륭했습니다. 결국 대입 역시 아이에게 맞는 훌륭한 전략으로 단번에 합격하는 기쁨을 누렸습니다.

고입, 대입에 대해서 잘 알고 있다면 고등학교 또는 대학교에 진학할 때 많은 시행착오 없이 현명하고 구체적인 방법으로 내 아이에게 가장 잘 맞는 입시 전략을 세울 수 있습니다. 대입을 왜 미리 알아야 하는지에 대해, 현재 변화하는 대입의 양상 몇 가지를 살펴보면서 자세한 이유를 말씀드리겠습니다.

변화하는 대입의 특징

① 학교생활기록부의 변화

부모님이 아이의 학교생활 중에서 성적 다음으로 관심을 가지는 항목은 학교생활기록부일 것입니다. 학교생활기록부가 대입에 반영되는 정도의 변화는 큽니다. 현재는 과거와 달리 수상 경력, 개인 봉사활동, 독서활동, 자율동아리 등의 항목들이 미반영됩니다. 도움 되지 않는 항목에 집중하지 않기 위해서 학교생활기록부의 반영 변화를 살펴봐야 합니다.

구분		2022~2023학년도 대입	2024학년도 이후 대입
교과활동		√ 방과후학교 활동 내용 미기재	√ 방과후학교 활동 내용 미기재 √ 영재 및 발명교육 미반영
비교과 영역	자율활동	√ 학생자치활동, 학교행사, 전문가특강 연간 500자 반영	√ 학생자치활동, 학교행사, 특강 등 연간 500자 반영
	동아리활동	√ 자율동아리 연간 1개만 기재 √ 청소년단체활동은 단체명만 기재 √ 소논문 기재 금지	√ 자율동아리 미반영 √ 청소년단체활동 미기재 √ 소논문 기재 금지
	봉사활동	√ 특기사항 미기재 √ 교내외 봉사활동실적 기재	√ 특기사항 미기재 √ 개인봉사활동 실적 미반영
	진로활동	√ 진로희망 분야 미반영	√ 진로희망 분야 미반영
	수상경력	√ 교내수상 학기당 1건만 반영	√ 대입 미반영
	독서활동	√ 도서명과 저자 기재	√ 대입 미반영

② 자기소개서 폐지

2024년도를 기점으로 자기소개서는 대입에서 일부 대학(카이스트 등)을 제외하고는 전면 폐지되었습니다(고입에서는 여전히 존재합니다). 대입에서의 자기소개서 폐지는 집안의 배경, 사교육 등 외부 요인이 대입에 미치는 영향을 차단하고 학교생활에 더욱 집중함에 목적이 있습니다. 이는 즉 '어릴 때부터 시작하는 불필요한 사교육을 방지하고 대신 내신, 과목별 세부 능력, 교내활동 등의 영향력을 키우겠다'는 의미입니다.

결국 초중등학교에서는 수업 중 발표, 토론, 프로젝트 등에 적극적으로 참여하여 자기 주도적 학습역량과 의지를 키우는 것이 중요해졌습니다. 이러한 변화와 중요한 항목의 이동을 대입을 통해 확인할 수 있습니다.

한 가지 더, 자기소개서의 폐지는 학생부종합전형을 기준으로 학과의 선택이 용이해졌다는 것을 의미하기도 합니다. 원래 자기소개서가 있었을 때는 지원하려는 학과에 맞춰서 자기소개서를 작성하는 것이 일반적이었습니다. 그러다 보니, 수험생들이 수시 원서를 접수할 때 특정 학과의 경쟁률이 낮다는 사실을 알아도 기존에 염두하고 작성한 자기소개서를 바꾸기 어려워 지원 학과를 바꾸지 못하는 경우도 종종 있었습니다. 하지만 자기소개서가 폐지됨에 따라, 경쟁률 추이를 보며 학과를 좀 더 자유로이 선택할 수 있게 되었습니다.

③ 대입 전형별 선발 비율

현재 대입 전형에서 수시와 정시의 비율은 각각 60%, 40% 정도로 유지되고 있습니다. 수시에서 충원하지 못한 인원이 정시로 이월되는 것을 고려하면 정시의 비율을 50%로 봐도 됩니다. 수시 안에서도 상위권 대학의 경우 학생부종합전형 〉 학생부교과전형 〉 논술전형 〉 실기 위주 전형의 순으로 비율을 차지합니다(주요 대학 기준). 이러한 선발 비율은 아이가 장차 대입을 준비할 때 어떤 전형이 유리할지를 파악하는 데 중요한 자료가 됩니다. 선발 비율을 고려하면 아이에게 적합한 고등학교, 중학교 선택 전략도 달라질 수밖에 없습니다.

④ 9등급제에서 5등급제로 변한 내신, 더욱 쉬워질 수능

2028 대입 개편에서 가장 눈에 띄는 변화는 내신이 현 9등급제에서 5등급제로 바뀌며, 수능은 기존과 비교해서 더욱 쉬워지게 되었다는 것입니다. 내신이 9등급제에서 5등급제로 바뀌게 되면 내신의 변별력은 상대적으로 약해집니다. 그럼 내신 외에도 더 챙겨야 할 것들(수능 최저 강화, 논술, 면접 강화 등)이 생겨날 수 있습니다.

수능은 상대적으로 수험생들이 어려워했던 과목들이 사라집니다. 일례로 수학은 자연계열 학생들이 주로 선택했던 미적분과 기하가 사라지고, 탐구도 통합사회, 통합과학만 치러집니다. 수능 난이도의 하락은 '언제 어디까지 선행을 시켜야 하는가?'와 같은 질문에 대한 답을 바꿀 것입니다. 개별적인 선택과목이 사라지게 되어 공통과목에 집중할 수 있게 되었습니다. 한정된 시간하에서 시행착오를 줄이고, 아이가 더욱 효율적으로 공부할 수 있도록 하는 것이 부모가 할 수 있는 역할입니다.

위에서부터 내려다봐야 길이 보인다

이렇게 대입의 주요 변화 항목을 간략히 살펴보았습니다. 초등학교-중학교-고등학교를 거쳐 대학교에 가기에, 아래부터 위로 살펴봐야 하는 것 아닌가 하는 생각을 하실 수 있습니다. 하지만 올바른 학습 로드맵을 그리기 위해서는 제일 위인 대입부터 내려와 살펴보는 하향식 방식으로 바라볼 필요가 있습니다.

또한 대입 정보를 많이 아는 것보다 더 중요한 것은, 아이에게 올바른 방향을 잡아주는 것입니다. 여기저기 난무하는 입시 정보로 강압적인 교육을 하지 않으셨으면 합니다. 정확한 입시 정보를 기반으로 아이와 소통하며 함께 미래를 내다보는 부모님의 모습을 기대해봅니다.

2028 대입 개편에 따른
대입의 변화

2028 대입 개편의 발표

지난 2023년 12월에 2028 대입 개편안이 발표되고, 그 이후에 확정되었습니다. 2025년을 기준으로 고1이 되는 2009년생(16세)과 이후 학생들은 쭉 2028 대입 개편의 적용을 받습니다. 큰 골자는 수능(대학수학능력시험)과 내신 개편입니다. 수능은 기존의 선택 영역은 사라지고 공통 영역으로만 치러집니다. 내신은 현행 9등급제에서 5등급제로 바뀝니다. 예상은 했었지만, 내신 5등급제로 변별력은 더 어려워지고 수능은 더 쉬워집니다. 이로 인해 대학들이 면접 강화, 논술 도입 등의 방법을 대안으로 삼을 것으로 예상합니다.

특히 수학에서 선택과목에 있던 미적분II(기존의 미적분)와 기하가 빠진 것은 사교육의 영향을 줄이려는 의지가 보이는 대목입니다. 그럼 구체적으로 어떻게 변화되는지 2028 대입 개편의 핵심 변화를 하나씩 살펴보겠습니다.

2028 대입 개편 핵심 : 수능

현재 수능(대학수학능력시험)은 크게 국어, 수학, 영어, 탐구(사회/과학), 한국사, 제2외국어/한문 여섯 가지 영역으로 구성되어 있습니다. 2024년 11월에 치러진 2025년도 수능을 기준으로 국어, 수학, 탐구는 상대평가로, 영어, 한국사, 제2외국어/한문은 절대평가로 평가됩니다. 2028 대입 개편에서도 평가방식에는 변함이 없습니다. 다만 다음의 항목이 바뀝니다.

① 응시영역이 선택에서 공통으로 바뀌었습니다

국어, 수학, 탐구가 선택과목 체제에서 공통과목 체제로 바뀝니다. 원래의 수능은 많은 과목을 선택해야 했기에 과목 선택 전략이 필요했습니다. 하지만 2028년 이후에는 제2외국어/한문 외에는 모두 공통응시과목으로만 치러집니다. 과목별 변화는 다음과 같습니다.

구분		평가방식	2028학년도 이전 (선택과목 체제)	2028학년도 이후 (공통과목 체제)
국어		상대평가	공통 : 독서, 문학 선택 : 언어와 매체, 화법과 작문 중 택1	화법과 언어, 독서와 작문, 문학
수학		상대평가	공통 : 수학I, 수학II 선택 : 미적분, 기하, 확률과 통계 중 택1	대수, 미적분I, 확률과 통계
영어		절대평가	영어I, 영어II	영어I, 영어II
한국사		절대평가	한국사	한국사
탐구	사회	상대평가	법과 정치, 사회문화, 경제, 윤리와 사상, 생활과 윤리, 한국지리, 세계지리, 동아시아사, 세계사 중 택2	통합사회
	과학	상대평가	물리1, 화학1, 생명과학1, 지구과학1, 물리2, 화학2, 생명과학2, 지구과학2 중 택2	통합과학
제2외국어/ 한문		절대평가	독일어, 프랑스어, 스페인어, 중국어, 일본어, 러시아어, 아랍어, 베트남어, 한문 중 택1	독일어, 프랑스어, 스페인어, 중국어, 일본어, 러시아어, 아랍어, 베트남어, 한문 중 택1

② 출제 범위가 줄어 쉬운 수능이 예상됩니다

　어려운 영역들이 사라지고, 공통과목 체제로 바뀌면 이는 변별력이 약해질 수 있는 결과로 이어질 수 있습니다. 예를 들어 수학에서는 기존의 자연계열(이과) 학생들이 주로 선택했던 미적분Ⅱ와 기하가 빠졌습니다. 두 과목은 다른 과목에 비해 높은 난이도로 인해 변별력으로 삼았던 과목이기도 합니다. 물론 바뀌는 수능에서도 난이도를 높여 출제할 수 있겠습니다만, 현재의 정부에서도 어렵지 않은 수능으로 의견을 지속적으로 내는 만큼 출제 범위만 놓고 보면 쉬운 수능이 될 수 있음을 유추할 수 있습니다.

이러한 쉬운 수능이 자리 잡게 되면 대학에서는 자체적으로 대학별고사(논술, 면접 등)를 실시하여 변별력을 키울 수도 있게 될 것입니다.

> 공통과목으로의 변경 → 쉬워진 수능 → 대학의 다른 변별력 수단 확보
> → 중고등학교 입시 관리의 변화

2028 대입 개편 핵심 : 내신

① 상대평가 과목 내신이 9등급제에서 5등급제로 바뀝니다

수능과 더불어 내신에도 큰 변화가 예고되었습니다. 현재 상대평가 과목은 9등급제로 산출되고 있습니다. 이것이 2028 대입 개편에서는 5등급제로 바뀌게 됩니다. 따라서 2025년을 기준으로 고1인 학생들부터는 5등급 체제하에 내신을 산출하게 됩니다. 실험과목, 새롭게 도입되는 융합선택과목 중 사회와 과학만 절대평가로 산출되

고, 나머지 과목들은 모두 상대평가 5등급제로 산출됩니다.

〈2028 대입 개편에 따른 내신 등급 비율 변화〉

	1등급	2등급	3등급	4등급	5등급	6등급	7등급	8등급	9등급
2028년 이전	4%	7% (11%)	12% (23%)	17% (40%)	20% (60%)	17% (77%)	12% (89%)	7% (96%)	4% (100%)
	1등급		2등급		3등급		4등급		5등급
2028년 이후	10%		24%(34%)		32%(66%)		24%(90%)		10% (100%)

② 상대평가 과목에서 표준편차가 대학에 제공되지 않습니다

현재 상대평가 과목은 표준편차가 제공됩니다. 하지만 2028 대입 개편 이후 상대평가 과목의 표준편차는 대학에 제공되지 않습니다. 대신 과목별로 성취도별 분포 비율이 제공됩니다.

표준편차는 학생들의 실력 차를 볼 수 있는 지표이며, 내신을 평가할 때 중요한 평가 요소이기도 합니다. 표준편차가 크다는 것은 내신 평균으로부터 아이들이 많이 흩어져 있다는 것이고, 그 말은 곧 실력 차가 크다는 것을 나타냅니다. 반대로 표준편차가 작다는 것은 평균에 아이들이 많이 몰려 있다는 것이고, 그 말은 곧 실력 차가 작다는 것을 뜻합니다. 이러한 표준편차는 같은 1등급이라고 해도 누가 더 잘했는지를 알 수 있는 지표가 됩니다.

하지만 대학에 표준편차를 제공하지 않는다는 것은 학생의 실력 차를 알 수 없게 됨을 의미합니다. 그렇기에 대학은 내신을 살필 때 또 다른 평가 요소(대학별 자율평가나 성취도별 분포 비율 등)를 살펴보게 될 것입니다.

〈2028년 이후 내신 성적표에 병기하는 내용〉

구분			절대평가		상대평가	통계정보		
			원점수	성취도	석차등급	성취도별 분포비율	과목평균	수강자 수
보통 교과	공통과목		표기	A, B, C, D, E	5등급	표기	표기	표기
	선택 과목	일반, 진로, 융합과목	표기	A, B, C, D, E	5등급	표기	표기	표기
	전문교과		표기	A, B, C, D, E	5등급	표기	표기	표기

* 융합선택과목 중 사회, 과학 교과 과목은 절대평가로 산출됩니다.

③ 융합선택과목이 새롭게 도입되었고, 진로선택과목에 심화과목이 추가되었습니다

선택과목에 기존에 있던 일반선택과 진로선택에 더해 융합선택과목이 새롭게 도입됩니다. 또한 진로선택과목에는 여러 심화과목이 추가됩니다. 특히 수학은 기존에 영재학교, 과학고, 자율형사립고(자사고) 등에서 운영되었던 과목들이 대거 일반고 내신 과목으로 들어왔습니다.

다음의 두 표는 2015 개정 교육과정(2027학년도까지 적용)과 2022 개정 교육과정(2028학년도부터 적용)에서 정하고 있는 내신 과목을 정리한 표입니다.

교과 영역	교과(군)	공통과목	선택과목	
			일반선택	진로선택
기초	국어	국어	화법과 작문, 독서, 언어와 매체, 문학	실용 국어, 심화 국어, 고전 읽기
	수학	수학	수학 I, 수학 II, 미적분, 확률과 통계	실용 수학, 기하, 경제 수학, 수학과제 탐구
	영어	영어	영어 회화, 영어 I, 영어 독해와 작문, 영어 II	실용 영어, 영어권 문화, 진로 영어, 영미 문학 읽기
	한국사	한국사		
탐구	사회 (역사/ 도덕 포함)	통합사회	한국지리, 세계지리, 세계사, 동아시아사, 경제, 정치와 법, 사회·문화, 생활과 윤리, 윤리와 사상	여행지리, 사회문제 탐구, 고전과 윤리
	과학	통합과학 과학탐구 실험	물리학 I, 화학 I, 생명과학 I, 지구과학 I	물리학 II, 화학 II, 생명과학 II, 지구과학 II, 과학사, 생활과 과학, 융합과학
체육· 예술	체육		체육, 운동과 건강	스포츠 생활, 체육 탐구
	예술		음악, 미술, 연극	음악 연주, 음악 감상과 비평, 미술 창작, 미술 감상과 비평
생활· 교양	기술·가정		기술·가정, 정보	농업 생명 과학, 공학 일반, 창의 경영, 해양 문화와 기술, 가정과학, 지식 재산 일반
	제2외국어		독일어 I, 일본어 I, 프랑스어 I, 러시아어 I, 스페인어 I, 아랍어 I, 중국어 I, 베트남어 I	독일어 II, 일본어 II, 프랑스어 II, 러시아어 II, 스페인어 II, 아랍어 II, 중국어 II, 베트남어 II
	한문		한문 I	한문 II
	교양		철학, 논리학, 심리학, 교육학, 종교학, 진로와 직업, 보건, 환경, 실용 경제, 논술, 민주시민, 평화시민, 세계시민	

〈2028학년도 입시부터 적용되는 2022 개정 교육과정〉

구분	공통과목(고1)	융합선택	진로선택	일반선택
국어	공통국어1, 공통국어2	독서토론과 글쓰기, 매체의사소통, 언어생활탐구	주제탐구 독서, 문학과 영상, 직무 의사소통	화법과 언어, 독서와 작문, 문학
수학	공통수학1, 공통수학2	수학과 문화, 실용 통계, 수학과제탐구	기하, 미적분II, 경제 수학, 인공지능 수학, 직무 수학, 전문 수학, 이산 수학, 고급 대수, 고급 미적분, 고급 기하	대수, 미적분1, 확률과 통계
	기본수학1, 기본수학2			
영어	공통영어1, 공통영어2	실생활영어회화, 미디어영어, 세계문화와 영어	영미문학 읽기, 영어발표와 토론, 심화영어, 심화영어독해와 작문, 직무영어	영어1, 영어2
	기본영어1, 기본영어2			영어독해와 작문
사회	통합사회1, 통합사회2	여행지리, 역사로 탐구하는 현대세계, 사회문제탐구, 금융과 경제생활, 윤리문제 탐구, 기후변화와 지속 가능 한 세계	한국지리탐구, 도시의 미래탐구, 동아시아 역사기행, 정치, 법과 사회, 경제, 윤리와 사상, 인문학과 윤리, 국제관계의 이해	세계시민과 지리, 세계사, 사회와 문화, 현대사회와 윤리
	한국사1, 한국사2			
과학	통합과학1, 통합과학2	과학의 역사와 문화, 기후변화와 환경생태, 융합과학탐구	역학과 에너지, 전자기와 양자	물리학
			물질과 에너지, 화학반응의 세계	화학
	과학탐구실험1, 과학탐구실험2		세포와 물질대사, 생물의 유전	생명과학
			지구시스템과학, 행성우주과학	지구과학

〈2028 내신 개편에 따른 고등학교 학기별 교육과정 편제 예시〉

구분	1-1	1-2	2-1		2-2		3-1		3-2
국어	국어	국어	화법과 언어	(필수)	문학	(필수)	독서와 작문	(필수)	문학과 영상
			주제 탐구 독서	(택 5)	독서토론과 글쓰기	(택 5)	언어생활 탐구		
영어	영어	영어	영어1	(필수)	영어2	(필수)	영어독해와 작문	(택 5)	심화 영어
			영미문학 읽기	(택 5)	미디어영어	(택 5)			
수학	수학	수학	대수	(필수)	미적분1	(필수)	확률과 통계	(필수)	실용 통계
			경제수학		기하		미적분2		수학 과제 탐구
			이산수학		고급대수		인공지능 수학		
사회	한국사 1	한국사 2	세계사		동아시아 역사기행		현대세계의 변화		역사로 탐구하는 현대세계
			윤리와 사상		현대사회와 윤리		인문학과 윤리		
	통합 사회1	통합 사회2	세계시민과 지리		여행지리		한국지리 탐구		윤리문제 탐구
			정치		도시의 미래 탐구		사회와 문화		
			국제관계의 이해	(택 5)	법과 사회	(택 5)	금융과 경제생활	(택 5)	기후변화와 지속 가능 한세계
					경제				
과학	통합 과학1	통합 과학2	물리학		전자기와 양자		역학과 에너지		사회문제 탐구
			화학		물질과 에너지		화학 반응의 세계		융합과학 탐구
			생명과학						
			지구과학		세포와 물질 대사		생물의 유전		기후변화와 환경생태
	과학 탐구 실험	과학 탐구 실험	고급화학		행성우주 과학		지구시스템 과학		과학의 역사와 문화
					고급물리학				

(택 7)

이렇게 2028 대입 개편에서 내신의 변화에 대해 살펴보았습니다. 가장 크게 우려되는 부분은 많은 과목이 상대평가, 그리고 5등급제로 바뀐다는 것입니다. 원래 진로선택과목은 등급이 아닌 A, B, C 세 단계 성취도로 평가되었습니다. 이 덕분에 아이들은 자신의 진로를 위해 진로과목도 적극 수강할 수 있었습니다. 그런데 2028 대입 개편에 따라 상대평가 방식으로 변하게 되면 자신의 진로와 관련된 과목을 적극적으로 선택하기를 꺼려할 수 있게 됩니다.

원래 고교학점제의 기본 취지는 '학생이 기초 소양과 기본 학력을 바탕으로 진로와 적성에 따라 과목을 선택하는 것'입니다. 그런데 대부분의 과목들이 상대평가로 산출되면, 내신 부담 때문에 자신의 진로와 관련한 과목을 적극적으로 선택하기를 꺼려할 수밖에 없는 것이지요. 그렇게 되면 학생들이 본인의 진로를 찾아가기 위해 도입된 고교학점제의 취지가 무색해질 수밖에 없습니다.

정리 : 창의력과 논리력이 중요해질 2028년 이후 대입

앞서서 본 대입 개편의 내용이 입시를 잘 모르는 부모님께는 참 어지러운 도표로 보이기만 할 것입니다. 특히나 아이가 아직 어리다면 이런 것까지 알아야 되는지 하는 생각에 눈앞이 캄캄해지시겠지요.

물론 이 내용을 일일이 암기할 필요는 없습니다. 중요한 점은 대입이 변화하는 핵심 이유가 공교육의 확대와 사교육 방지에 있다는 점입니다.

대입 개편의 주요 요점을 수능과 내신으로 구분해서 요약하면 다음과 같습니다.

① 2028 이후 수능 개편

구분	2028 이후 수능 개편	비고
1	응시영역 체제 유지	국어, 수학, 영어, 탐구, 한국사, 제2외국어/한문 여섯 가지
2	평가방식 유지	상대평가 : 국어, 수학, 사탐, 과탐 절대평가 : 영어, 한국사, 제2외국어/한문
3	선택형 응시 → 공통응시로 전환	국어, 수학, 탐구 선택과목 폐지
4	탐구 출제 범위 : 통합사회, 통합과학 응시로 변경	사탐 9개 중 택2, 과탐 8개 중 택2 제도가 폐지
5	정시 40% 선발 유지	수시 60%, 정시 40%

② 2028 이후 내신 개편

구분	2028 이후 내신 개편	비고
1	상대평가, 절대평가 혼재	실험 과목 및 융합선택과목 중 사회와 과학 절대평가, 그 외는 모두 상대평가
2	상대평가 과목 5등급제	기존 상대평가 과목 9등급제에서 변경
3	과탐II 과목 변화	물화생지II 과목 : 하나에서 두 개로 변경
4	진로선택과목에 심화과목 도입	특히 수학에 심화과목 추가
5	융합선택과목 도입	기존에는 공통과목, 일반선택과목, 진로선택과목

조금 더 눈에 들어오시나요? 표를 보면, 수능의 가장 큰 변화는 선택과목의 폐지입니다. 내신은 9등급제에서 5등급제로의 변화가 돋보입니다.

개편안을 발표한 교육부의 취지는 다음과 같습니다.

'기존의 수능 체제는 학생 개인의 흥미나 적성이 아니라, 입시에 유리한 과목 위주로 학생의 선택을 유도하는 문제가 있었다. 이를 해소하기 위해 수능에서 통합형 체제를 도입하게 됐다. 또한 과목별 성적 산출 및 대학 제공방식은 지식 암기 위주의 평가(즉 오지선다형)를 지양하고 사고력과 문제해결력을 평가할 수 있는 논술서술형 평가를 확대한다.'

앞으로는 암기만 했던 공부에서 벗어나서 학생의 창의력과 논리력을 좀 더 심도 있게 분석할 수 있는 방향으로 변화될 것으로 보입니다. 즉 오지선다 등으로 선택했던 평가에서 벗어나 자신의 생각을 자유롭고 정확하게 표현할 수 있는 훈련이 필요할 것입니다. 그러므로 배경지식을 쌓고 자신의 생각을 글로 표현하기 위해서 가장 중요한 독서를 생활화하는 것이 더더욱 큰 차이를 만들 것입니다.

2028 대입 개편에 따른
서울대학교의 변화 예고

서울대학교 대입 변화를 보면
입시 흐름이 보인다

　이렇게 2028 대입 개편이 발표되고 난 후, 발 빠르게 서울대학교 입시 정책팀의 주관으로 '2024 서울대학교 대입 정책 포럼'이 열렸습니다. 핵심은 수능도 쉬워지고 내신의 변별력도 약해지는 것에 대한 향후 입시 정책 방향의 제시였습니다.

　우리나라를 대표하는 서울대학교에서 이러한 변화를 예고했다는 것은 상당히 의미가 있습니다. 다른 대학에도 영향을 줄 수 있기 때문입니다. 이번에는 서울대학교의 변화 예고를 통해 대학교에 구체적으로 어떠한 변화의 바람이 불지를 알아보겠습니다.

서울대학교 입시의 이해

우선 대학 입시의 종류에 대해서 간략하게 설명드리겠습니다. 대입은 크게 수시와 정시로 나뉩니다. 수시는 크게 학생부종합전형, 학생부교과전형, 논술전형, 실기 위주 전형으로 나뉩니다. 정시는 크게 수능 위주 전형, 실기 위주 전형으로 나뉩니다.

〈대입 전형의 종류〉

구분	대입 전형
수시	학생부종합전형, 학생부교과전형, 논술전형, 실기 위주 전형
정시	수능 위주 전형, 실기 위주 전형

서울대학교는 수시에서 학생부교과전형과 논술전형이 없고, 학생부종합전형으로만 선발합니다. 즉, 서울대학교는 정시 전형과 수시-학생부종합전형으로 선발합니다.

〈서울대학교의 입시 전형 – 수시〉

구분	전형명	전형 방법			
		지원 자격	전형 방식	면접 유형	수능최저학력 기준
수시-학생부종합전형	지역균형	학교당 2명	1단계(3배수): 서류 100% 2단계: 1단계 70%+면접 30%	서류 기반	국어, 수학, 영어, 탐구 (탐구 2과목 모두) →3합 7
	일반	없음	1단계(2배수): 서류 100% 2단계: 1단계 50%+면접 50%	제시문 기반	없음

〈서울대학교의 입시 전형 – 정시〉

구분	전형명	전형 방법			
		지원 자격	전형 방식	내신 기본 점수	내신 평가
정시	지역균형	학교당 2명	수능 60점+내신 40점	30점	5단계
	일반	없음	1단계(2배수): 수능 100점 2단계: 수능 80점+내신 20점	15점	5단계

수시 지역균형전형은 각 학교당 최대 2명까지만 지원할 수 있는 자격을 줍니다. 학교생활기록부를 기반으로 평가하여 정원의 3배수를 통과시키고, 2단계에서 서류(학교생활기록부) 기반 면접이 진행됩니다. 다만 수능 국어, 수학, 영어, 탐구(탐구 2과목 모두 반영) 네 과목 중 세 과목의 등급 합이 7등급 이내를 충족해야 하는 수능최저학력 기준이 적용됩니다.

한편, 수시 일반전형은 지역균형전형처럼 지원자격 제한이 있는 것이 아니며 누구나 지원할 수 있습니다. 학교생활기록부를 기반으로 평가하여 정원의 2배수를 통과시키고, 2단계에서 제시문(계열, 전공별로 다름) 기반 면접이 진행됩니다. 일반전형의 면접은 지역균형전형의 면접보다 까다로워 면접으로 충분히 변별이 가능해 수능최저학력 기준을 적용하지 않습니다.

서울대학교 입시의 변화 제시

앞선 사항이 서울대학교 입시의 기본입니다. 여기에 서울대학교는 발표된 대입 개편을 바탕으로 향후 입시에서 변화할 다섯 가지 방향을 제시했습니다(서울대학교에서 발표한 내용은 추후 교육부 승인을 받아야 하기 때문에 확정된 내용을 나중에 확인해야 합니다).

① 정시에서 수능 비중을 축소합니다

서울대학교는 정시로 선발하는 비율을 40% 이하로 낮추고 싶어 합니다. 서울대학교에서 원하는 인재를 수시전형으로 선발하기 위해서입니다. 또한 실제로 서울대학교에서 발표한 내용을 보면, 정시와 관련된 문제도 심각했습니다. 정시 합격생의 무려 60%가 N수생이었으며, 합격생 중 의약계열 선호 현상에 따른 미등록 학생과 휴학, 자퇴 학생이 급증하였습니다. 학생부종합전형으로 합격한 학생들에 비해 정시로 합격한 학생들의 휴학·자퇴 비율이 일반적으로 높았으며, 특히 2023년에는 휴학이나 자퇴 등의 중도 탈락자가 400명대를 넘어서는 등 문제가 심각했습니다.

② 수시의 지역균형전형에서 수능최저학력 기준을 폐지하고 고교별 추천 인원을 확대하고자 합니다

수시 지역균형전형에서 수능최저학력 기준을 적용하게 되면, 상대적으로 수능의 혜택을 받지 못하는 지역의 학생들이 수능최저학력 기준을 충족하지 못하는 경우가 많았습니다. 그래서 서울대학교는 궁극적으로 수시에서 수능최저학력 기준을 없애고자 합니다. 또한 다양한 고등학교에서 수시 합격자가 배출되었으면 하는 취지로 현재 지역균형전형 추천 인원을 2명에서 3명으로 늘리는 방안도 고려하고 있습니다.

③ 정시의 내신을 단순 교과평가 이상으로 심화하고, 일반전형 2단계에서 내신의 반영 비율을 40%로 확대합니다

내신의 반영 비율을 높이려는 가장 큰 이유는 공교육의 정상화 차원입니다. 서울대는 2023학년도 입시부터 정시에서 내신을 반영해 왔습니다. 학생들이 끝까지 학교 수업을 포기하지 않게 하기 위한 차원인 것이지요.

2028 대입 개편에서 발표된 수능은 쉬워진 반면, 학교 내신은 수능처럼 쉬워지지 않고 현재와 큰 차이가 없습니다. 수능은 쉬워지는데 반해 내신에 여전히 심화 과목이 존재하면, 수능과 내신 사이에서 괴리감이 생길 수밖에 없습니다. 이는 정시에 더 집중하려는 학생들이 내신을 소홀히 하고, 결국 공교육이 정상화되지 못하는 결과를 야기할 수 있습니다. 이를 방지하기 위해 공교육을 중요시하는 서울대학교에서는 정시에서 내신의 비중을 높이고 내신 평가 등급을 현행 3단계인 A, B, C에서 A+, A, B+, B, C+, C, D 7단계로 더 세분화해 평가하고자 합니다.

④ 수시 면접에서 'SNU역량평가 면접'이 도입됩니다

서울대학교는 기존의 시험 위주 평가만으로는 개인의 역량을 확인하기 어렵다고 보고, 학업 수행 과정 중 나타나는 다양한 역량을 평가할 수 있는 종합역량평가를 구현하기 위해 자칭 'SNU역량평가 면접'을 도입하려 합니다. 이 내용에 따르면 학생들에게 충분한 시간이 주어지고 학생의 답변에 맞춰진 적절한 추가 질문을 통해 학생의 역량과 소양을 심층적으로 확인하는 면접심층평가가 이루어집니다. 또한 개별적으로 더 파악하고 싶은 것이 있으면 탐침질문(추가질문, 꼬리질문)을 합니다.

'SNU역량평가 면접'은 크게 [창의적 문제해결 면접], [융합적 과제수행 면접], [분석적 주제토론 면접] 세 가지로 나뉩니다. 먼저 [창의적 문제해결 면접]은 현실적인 문제 상황을 배운 지식을 활용해 창의적이고 효과적으로 해결하는 과정을 평가하고, [융합적 과제수행 면접]은 배운 지식을 창의적이고 융합적으로 활용해 프로젝트 성격의 과제를 수행하는 과정을 평가합니다. [분석적 주제토론 면접]은 첨예한 논쟁 주제나 다양한 의견을 피력할 수 있는 주제를 제시해 이에 대한 의견과 입장을 설명하고 토론하는 면접입니다.

이러한 과정을 통해 문제풀이 면접을 지양하고 대신 종합적이고 창의적인 사고와 지식 탐구, 의사소통, 공동체 역량 등을 평가하고자 합니다.

⑤ 열린 전공 및 광역 선발을 시행합니다

쉽게 말하면 보건의료 및 사범계열을 제외하고 대학 내 모든 전공을 자율적으로 선택하게 하려는 것입니다. 포스텍이나 소위 IST 대학(KAIST, DGIST, GIST, UNIST)은 1학년 때 무학과(또는 단일계열)로 입학하여 2학년에 올라가기 전에 학과를 선택하는 제도를 오래전부터 시행해왔습니다. 서울대학교는 자유전공학부처럼 열린 전공 제도를 일부 시행하고 있었는데 이를 더욱 확대해서 시행하겠다는 의미입니다. 이를 통해 학생의 선택권을 다양하게 하고자 합니다.

현재 중고등학생들은 진로가 1학년 때부터 일관되면 서류 단계에서 좋게 평가받는다는 생각이 강할 것입니다. 하지만 실제로 진로가 바뀌어도 크게 불이익이 없을 뿐더러, 열린전공제도가 시행되면 고등학생 때 진로가 학년마다 바뀌어도 더욱 불이익이 없게 되는 것입니다. 앞으로 이렇게 열린 전공 및 광역 선발제도가 더욱 확대되면 진로를 위한 활동보다는 학업 역량을 키우는 데 더욱 집중해야 합니다.

결론 : 내신의 변별력 약화와
새로운 대안의 고민

지금까지 서울대학교 입시 변화를 살펴보았습니다. 요약하자면, 현재 9등급에서 2028년 내신 5등급제로 바뀌게 되면 내신의 변별력이 약화될 것입니다. 서울대학교를 포함하여 대학에서는 이로 인해 다음과 같은 여러 가지 대안을 강구할 것입니다.

1. 내신 변별력 약화로 인해 면접 강화
2. 내신 변별력 약화로 인해 학생부교과전형 비중 감소
3. 쉬어진 수능으로 인해 정시 선발 비중 축소
4. 논술과 같은 대학별고사 도입 가능성

그럼 이를 통해 아이의 교육 방향은 어떻게 설정하면 될까요? 학업 역량을 쌓는 것은 물론, 면접과 논술 등 다양한 역량을 쌓을 수 있도록 공부해야 할 것입니다. 또한 진로 방향을 한 가지로 국한하지 말고 폭넓게 설정하여 아이에게 맞는 진로를 찾기 위해 다양한 진로를 탐색하는 것이 더욱 중요해질 것입니다.

입시를 알면
아이와 소통이 가능하다

입시는 일방적 강요가 아닌 소통을 위한 수단

지금까지 2028 대입 개편에 대한 주요 변화와 서울대학교의 대응 방안에 대해 살펴보았습니다. 학부모님과 상담하다 보면 잘못된 정보로 아이들을 혼란스럽게 만드는 경우를 많이 경험했습니다. 특히 입시 이야기를 본격적으로 하게 될 청소년기는 공부 외에 아이와 크고 작은 갈등이 일어날 수밖에 없는 시기입니다. 이런 시기에 아이가 잘못된 공부의 길로 가지 않기 위해서라도 넘쳐나는 입시 정보 속에서 정확한 정보로 올바른 방향을 잡아주는 것은 매우 중요한 일입니다.

그럼 학부모님이 입시 정보를 많이 안다는 것은 어떤 의미가 있을까요? 단순히 정보를 많이 안다는 측면을 넘어서서 아이와의 소통이 가능해진다는 점에 의의가 있습니다. 아이가 어떻게 공부하는지, 공부하는 내용은 무엇인지, 무엇을 공부해야 하는지를 모르면 아이에게 말할 수 있는 내용은 한정됩니다. "공부해야지", "성적을 더 올려야지" 등의 추상적인 내용은 잔소리로만 들릴 뿐입니다. 하지만 구체적으로 아이의 상황을 안다면 잔소리가 아닌 실질적 피드백을 줄 수 있습니다.

아이에게 "이렇게 해야 한다, 이렇게 하면 안 된다"라는 일방적인 강요, 푸시(push)는 결코 좋은 것이 아닙니다. "앞으로는 이렇게 바뀐다고 하니 이렇게 하면 어떨까?" 하며 소통의 방법으로 입시 정보를 활용해야 합니다. 아이들은 공부에만 전념하게 하고, 정확한 입시 정보로 아이와 머리를 맞대고 전략을 짜는 것, 이것이 부모님들이 입시를 공부해야 하는 이유이고 역할일 것입니다.

『손자병법』 3장 모공(謀攻) 편에 '지피지기, 백전불태(知彼知己, 百戰不殆)'라는 말이 있습니다. '상대를 알고 나를 알면 백 번 싸워도 위태롭지 않다'는 뜻이지요. 아직 대입은 먼 이야기라고 할 수도 있습니다. 하지만 대입의 방식이 어떠하고, 또 어떻게 변화되는지를 알고 미리 준비한다면 목표에 한 층 더 다가갈 수 있습니다. 큰 틀에서 대입을 이해하고 준비한다면, 아이가 자라 원하는 꿈에 다가갈 수 있을 것입니다.

신독(愼獨)의 힘

'신독'이라는 단어를 아시나요? 삼갈 신(愼), 홀로 독(獨), 즉 자기 홀로 있을 때도 도리에 어그러지는 일을 하지 않고 삼간다는 뜻으로, 『大學(대학)』에 나오는 단어입니다. 몇 년 전 겨울이었습니다. 정시로 서울 중위권 대학 생명공학과에 합격했는데 약대를 위해 1년을 다시 준비할까 고민하는 학생과 어머님이 찾아오셨습니다.

"선생님, 제가 아이를 보았을 때 확신이 서질 않아요. 고3 때도 휴대폰을 손에서 놓지 않고, 주말에는 내내 잠만 자거나 게임만 했어요. 그래서 1년 더 한다고 해서 달라질까 싶어요."

저는 학생에게 약대를 많이 가고 싶냐고 물었고, 학생은 짧게 답변했지만 의지가 강해보였습니다. 저는 공부에 방해가 되는 요소를 적어서 책상 앞에 붙이고 1년 동안은 리스트에 적힌 요소들을 하지 않겠다고 약속해달라고 했습니다. 그리고 이렇게 말했습니다.

"신독이라는 단어를 들어본 적 있니? 신독은 남이 보든 안 보든 삼갈 수 있는 모습을 의미해. 너도 올해 1년은 부모님이 보시든 그렇지 않으시든 자신을 속이지 말고 끝까지 열심히 해보자. 분명 좋은 결과가 있을 거야."
시간이 흘러, 학생은 약학과에 합격할 수 있는 성적을 받아서 찾아왔습니다.

"선생님, 참 이상한 점이 있었어요. 예전에는 공부하다가 졸리면 그냥 졸았는데, 졸고 싶다가도 이상하게 '신독'이라는 단어가 떠올랐어요. 신독이 저 자신을 속이지 않고 열심히 공부할 수 있었던 데 큰 힘이 되었던 것 같아요."

이것이 '신독'의 힘입니다. 오늘 아이에게 신독의 뜻을 이야기하며, 다시금 마음을 다잡는 시간을 만들어보면 어떠실지요.

2장

고입부터 꼼꼼히 준비해야

대입이
순조롭다

개정 고교과정의 핵심, 고교학점제란?

2025년에 고등학생이 되었다면 주목, 고교학점제

2025년에 고등학생이 된 아이들이라면 학교생활에 큰 변화가 있을 것입니다. 일부 고등학교에서만 부분적으로 시행되던 고교학점제가 2025년부터 전면 시행되어, 2028학년도 입시부터 반영되기 때문입니다. 고교학점제란 학생이 적성과 진로에 따라 다양한 교과목을 선택하고 이수해 누적 학점이 기준에 도달하면 졸업을 인정받는 제도입니다. 즉 대학에서 실시되는 학점제의 취지와 거의 같은 제도입니다.

전면 시행을 두고 여러 논란이 있었고, 정권이 바뀌면서 유명무실할 뻔도 했지만, 고교학점제는 우여곡절 끝에 기존대로 전면 실시됩니다. 전략적인 고입이 대입에도 큰 영향을 미치기 때문에 학부모님은 고교학점제에 대한 기본 이해를 바탕으로 아이의 고등학교 입학 전략 등에 대한 그림을 그려야 할 것입니다.

① 도입 취지

고교학점제는 아이들이 기초 소양과 기본 학력을 바탕으로 진로와 적성에 따라 과목을 선택하는 것을 목적으로 도입됩니다. 급변하는 미래와 불확실한 환경 속에서 학생이 자신의 진로와 적성을 찾아, 자기주도적 인재로 성장할 수 있도록 학교에서 지원하려는 목적을 가지고 있습니다.

앞으로 미래 사회의 직업군에서는 자기주도적인 학습 역량이 필요합니다. 지금처럼 획일화된 교육을 통해서는 학생 개개인이 가지고 있는 숨은 재능과 역량을 찾기 어렵기 때문입니다. 이러한 이유로 고교학점제를 통해 학생 개개인의 맞춤형 교육을 가능하게 할 수 있는 발판을 마련하는 입니다. 고교학점제가 도입되면 진로와 적성 관련 과목들의 다양성이 증가하여 학생의 과목 선택권과 학급 구성에도 변화가 클 것입니다.

② 고교학점제하에서의 내신 평가

기존 고교학점제에서 내신 평가는 자기주도적인 진로 탐색 목적에 맞도록 내신을 전면 절대평가로 바꾸려 했습니다. 그러나 여러 이유로 인해 융합선택과목의 사회와 과학, 실험과목만 절대평가로 산출되고, 이 외의 과목 모두는 5등급제 석차 등급으로 산출됩니다.

*절대평가 : 융합선택과목의 사회/과학, 실험과목
*상대평가 : 사회/과학 외의 융합선택과목, 진로선택과목, 일반선택과목, 공통과목

③ 고교학점제 실시 시기

고교학점제는 2022년부터 특성화고 및 고교학점제 선도학교로 지정된 일부 일반계고에 도입되었습니다. 2028학년도 대입부터 모든 고등학교에 본격적으로 시행됩니다.

④ 고교학점제 졸업 이수 요건

고교학점제 이수 요건은 크게 세 가지로 나누어볼 수 있습니다.

❶ 각 과목 출석률이 2/3 이상이 되어야 합니다.
❷ 이수한 과목의 학업 성취율이 40% 이상이 되어야 합니다.
❸ 총 이수학점이 192학점 이상이 되어야 합니다.

이 외의 특이사항은 다음과 같습니다.

❶ 공통과목을 이수한 후에 진로 및 적성에 따라 학생들이 자율적으로 과목을 선택합니다. 1학년 때는 국어, 영어, 수학 등 공통과목을 중심으로 수강하고, 2학년부터는 진로와 적성에 따라 선택과목을 이수해 듣습니다. 이렇게 하여 고등학교 3년간 최소 192학점을 이수해야 졸업할 수 있는 자격이 갖춰지게 됩니다.

❷ 현재 중학교에서는 성취도를 A, B, C, D, E 5단계로 나누어 평가합니다. 고교학점제에서는 현재 중학교 성취도에 미이수에 해당하는 I(Incomplete)가 추가됩니다. 미이수가 발생한 경우 대학처럼 재수강을 해야 하는 것은 아닙니다. 학교 자체적으로 마련한 보충 이수를 통해 학점을 취득합니다. 그러나 보충 이수를 듣게 되면 부여되는 성적은 최대 E만 받을 수 있습니다. 즉 미이수가 되면 '미이수 → 보충이수 → 성취도 E'의 과정을 거쳐야 합니다.

〈고교학점제 학사 운영 단계(출처: 교육부)〉

2025학년도 이후 고교학점제	
성취율	성취도
90% 이상	A
80%~90% 미만	B
70%~80% 미만	C
60%~70% 미만	D
40%~60% 미만	E
40% 미만	I

↑ 이수

↓ 미이수

고교학점제하에서의
고등학교 선택 방향이 바뀐다

고교학점제의 가장 큰 장점은 자신의 진로와 관련한 과목을 자유롭게 선택할 수 있다는 것입니다. 학생 본인의 진로와 적성에 따라 선택과목을 선택할 수 있습니다.

지금까지는 학교의 학습 분위기, 중점 과목, 시험의 난이도, 석차 등급을 위한 인원 수 등이 주된 고려 대상이었습니다. 하지만 이제부터는 아이의 진로와 관련된 과목이 개설되어 있는 정도, 학교에서 개설되는 선택과목, 아이의 역량을 잘 펼칠 수 있는 환경이 중요하게 고려될 것입니다. 이는 앞으로의 고등학교 선택 전략에 있어 중요한 요소가 될 것입니다.

학생부교과전형으로 대입을 준비하는 학생이라면 고교학점제와 상관없이 내신을 받기 수월한 학교를 선택하는 것이 중요합니다. 그러나 고교학점제와 가장 밀접한 학생부종합전형으로 대입을 준비하는 경우라면, 지원하려는 학교의 교육과정 편제를 통해 어떤 과목이 개설되어 있는지를 우선적으로 확인해야 합니다.

실질적으로 고교학점제의 시행이 진로의 선택이나 역량의 성장에 직접적인 영향을 미친다고 볼 수는 없습니다. 학교에서는 학생들의 관심 분야에 대한 고민을 촉발시키는 장치를 마련해줄 뿐입니다. 그보다 중요한 것은 아이들이 얼마나 능동적인 자세로 자신의 진로를 찾아가는지일 것입니다. 이러한 변화에서 부모님은 아이의 성향과 진로에 어느 고등학교가 잘 어울리는지 파악하는 것이 매우 중요합니다. 아이를 위한 고등학교를 선택하는 관점에서 고등학교 유형과 전략에 대해 알아보겠습니다.

대입 전형부터 파악해야
유리한 고등학교를 선택한다

대입의 종류는 정시/수시를 말하는 것이 아니다

아이가 중학교에 입학할 때쯤부터는 대학교 전에 먼저 어떤 고등학교를 선택하는 것이 좋을지 많은 고민이 드실 것입니다. 전국에 있는 고등학교의 수는 2,400여 개이며, 일반고로만 한정지어도 1,650여 개나 됩니다. 그런데 고등학교를 선택하기 전에 알아야 할 점이 있습니다. 바로 대학 입시(대입) 전형입니다.

대입은 크게 수시, 정시로 나눌 수 있고 각각 여러 전형이 존재합니다. 대입 전형은 고등학교 유형에 따라 유리한 전형과 불리한 전형이 있습니다. 어떤 학교는 수시 중에서도 학생부교과전형이, 어떤 학교는 학생부종합전형이 유리할 수도 있습니다. 또 농어촌 지역에 살고 있다면 농어촌특별전형을 노려볼 수도 있고, 아이가 특정한 분야에 재능이 있다면 특기자전형을 고려해볼 수도 있습니다. 이렇게 전형의 핵심만 간략하게 알아도 아이의 고등학교 선택 전략을 세우기가 훨씬 쉬워집니다. 그래서 우선 대입 전형의 큰 줄기를 알고, 이 기준에 따라 희망하는 고등학교를 알아봐야 하는 것입니다.

다음은 대입 전형을 구분한 표입니다. 전형별 특징을 간략히 살펴보고, 전형에 맞는 고등학교가 무엇인지를 알아보겠습니다.

〈대입 전형의 구분〉

<수시·정시 구분 및 특징>

	구분	유형1	유형2	유형3	유형4	유형5
수시	학생부교과전형	교과 100	교과 100+수능최저	교과+서류	교과+서류+수능최저	교과+면접
	학생부종합전형	서류 100	서류 100+수능최저	서류+면접	서류+면접+수능최저	–
	논술전형	논술 100	논술 100+수능최저	논술+교과	논술+교과+수능최저	논술+서류
정시	정시전형 (수능 위주)	수능 100	수능+교과	수능+서류	수능+면접	–

〈2025학년도 기준 전형 유형별 모집 정원〉

구분	정시/수시	전형 유형	모집 정원
전국	수시	학생부교과전형	154,475명
		학생부종합전형	78,924명
		논술전형	11,266명
	정시	수능 위주 전형	63,827명
전국 4년제 선발 총 인원			340,934명
15개 대학교	수시	학생부교과전형	7,111명
		학생부종합전형	20,915명
		논술전형	5,251명
	정시	수능 위주 전형	24,468명
상위 15개 대학교 선발 총 인원			62,305명
수도권	수시	학생부교과전형	27,806명
		학생부종합전형	37,867명
		논술전형	9,778명
	정시	수능 위주 전형	43,117명
수도권 4년제 선발 총 인원			132,126명
비수도권	수시	학생부교과전형	126,669명
		학생부종합전형	41,057명
		논술전형	1,488명
	정시	수능 위주 전형	20,710명
비수도권 4년제 선발 총 인원			208,808명

① 학생부교과전형이란?

학생부교과전형은 학생부(학교생활기록부) 항목 중 교과, 즉 내신 위주로 평가하여 선발하는 전형입니다. 수시전형 전체적으로 볼 때는 학생부교과전형이 많은 비중을 차지하며, 당연히 내신의 비중이 절대적일 수밖에 없습니다. 학생부교과전형으로 선발하는 방식을 세분화해서 보면 크게 세 가지로 나눌 수 있습니다.

1) 교과 100 교과성적, 즉 내신으로만 평가하는 대학이 있지만 소수에 불과합니다.

2) 교과 + 서류 서류는 학교생활기록부를 의미하며, 서류에서는 전공 관련 교과 선택의 적절성과 전공 관련 교과 성취도 등을 평가합니다.

3) 교과 + 수능최저학력 기준 학생부교과전형에서 가장 많은 비율을 차지하는 방식입니다. 수능최저학력 기준이라 하면, 대학에서 제시한 일정 수능 등급 기준을 말합니다. 이를 적용하는 대학은 내신만 좋으면 안 되고 대학에서 제시한 수능최저학력 기준을 충족해야 합격이 가능합니다. 참고로 수능최저학력 기준이 높은 대학은 내신이 아주 높지 않아도 합격이 가능한 경우도 많습니다.

4) 교과 + 면접 수능이 약해서 수능최저학력 기준을 통과하기는 어렵지만, 면접에 강한 학생이라면 고려할 수 있는 전형입니다.

〈2025학년도 기준 학생부교과전형의 선발 예시〉

대학	전형 방법	수능최저학력 기준	지원 자격	추천 인원
연세대	교과 100	2합 5(수학 포함) + 영어 3	고3	10명
고려대	교과 80+서류 20	일반 : 3합 7(2)* 의예 : 4합 5(2)	고3	12명
한양대	교과 90+교과 정성평가 10	3합 7(1)*	재수	11%
성균관대	교과 100 (정량 80+정성 20)	국어 수학 영어 사탐 과탐 중 3합 7 (일반학과 기준)	고3	15명
서강대	교과 90+출결 10	3과목 각 3등급(1)	고3	20명
이화여대	1단계 : 교과 100(5배수) 2단계 : 1단계 80+면접 20	–	재수	20명
중앙대	교과 90+출결 10	3합 7(1)	재수	20명

*(1): 수능최저학력 기준 적용 시 탐구를 포함할 경우에 탐구 한 과목만 반영
*(2): 수능최저학력 기준 적용 시 탐구를 포함할 경우에 탐구 두 과목 모두를 반영

그렇다면, 학생부교과전형으로 선발하는 대학에 입학하기 위해서는 어떤 고등학교에 재학하고 있느냐가 중요할까요? 보통 학생을 평가하는 방식에는 정성평가 방식과 정량평가 방식이 있습니다. 정성평가 방식은 내신을 평가할 때 학교의 상황을 먼저 분석하고, 그 후에 학생을 평가하는 방식입니다. 학교 상황이란 표준편차 등으로 아이들의 실력 차를 가늠하고, 개설된 교육과정으로 특목고인지 일반고인지를 확인하는 것 등을 말합니다. 즉 어떤 과목 위주로 이수했는지, 선택과목의 인원이 많은지 적은지 등으로 학교가 어떤 유형의 학교인지를 확인하고, 이를 참고하여 학생들을 평가합니다.

한편 정량평가 방식은 내신을 평가할 때 학교의 상황을 고려하지 않고 내신의 수치만 보고 평가하는 방식입니다. 말 그대로 정량(내신의 수치)만 보고 평가한다는 것입니다. 둘 중 학생부교과전형에서 활용하는 방식은 일반적으로 정량평가 방식입니다.

만일 학생부교과전형으로 대입을 준비해야겠다면 내신의 수치가 가장 중요합니다. 그러니 내신을 받기 쉬운 일반고를 선택하는 것이 바람직합니다. 다만 내신과 별개로 수능을 등한시하면 절대로 안 됩니다. 표에서도 알 수 있지만, 내신만으로 선발하는 대학은 그리 많지 않기 때문에, 수능최저학력 기준을 통과하든 면접을 통과하든 그 외의 요소도 같이 준비해야 합니다.

② 학생부종합전형이란?

학생부종합전형에서 학생부는 학교생활기록부를 뜻합니다. 즉 학생부종합전형은 학교생활기록부를 종합적으로 보고 선발하는 전형입니다. 학업 역량을 비롯해서 진로 역량, 공동체 역량 등을 골고루 살핍니다.

보통 학생부종합전형 방식은 1단계에서 서류(학교생활기록부), 2단계에서 면접을 보는 대학이 일반적입니다. 이 외에 서류(학교생활기록부)만 보고 선발하는 대학, 서류(학교생활기록부)에 수능최저학력 기준을 적용하는 대학 등의 유형이 있습니다. 일반적으로 학생부종합 전형의 선발 방식은 아래와 같이 크게 세 가지로 나눌 수 있습니다.

1) 1단계 학생부, 2단계 면접 1단계에서 정원의 일정 배수를 선발한 후, 2단계에서 면접을 진행하여 선발합니다. 면접 방식은 대학마다 약간씩 다릅니다.

2) 학생부 + 수능최저학력 기준 면접이 없는 대신 수능최저학력 기준 을 적용하여 선발합니다.

3) 학생부 100 면접과 수능최저학력 기준 없이 학생부로만 선발합니다.

학생부종합전형에서 서류를 평가할 때는 학업 역량, 진로 역량, 공동체 역량 등을 다각적으로 평가하는데, 대학의 인재상과 모집 단위별 인재상에 맞춰 평가하기도 합니다. 면접의 경우 보통 서류(학생부) 기반, 제시문 기반으로 나누어집니다. 일반적으로 상위권 대학의 경우 대학 자체에서 제시문을 만들어 평가하고, 중하위권 대학의 경우 학생부 기반 면접으로 평가합니다.

<2025학년도 기준 대학별 학생부종합전형 선발 예시>

대학	전형	전형 방법	수능 최저
서울대	일반전형	1단계 : 서류 100(2배수) 2단계 : 1단계 100 + 면접 100	-
연세대	활동우수형	1단계 : 서류 100(3배수) 2단계 : 1단계 60 + 면접 40	O
	국제형		
고려대	학업우수전형	서류 100	O
	계열적합전형	1단계 : 서류 100(5배수) 2단계 : 1단계 50 + 면접 50	-
성균관대	융합형	서류 100	-
	탐구형	서류 100 (의예, 교육, 한문교육, 스포츠 : 2단계 면접)	-
서강대	학생부종합전형	서류 100	-
한양대	학생부종합전형 (추천형)	서류 100 (교과 추천형과 지원자격 동일)	O
	학생부종합전형 (서류형)	서류 100	-
	학생부종합전형 (면접형)	1단계 : 서류 100(5배수) 2단계 : 1단계 80 + 면접 20	-
이화여대	미래인재전형	서류 100	O
중앙대	융합형	서류 100	-
	탐구형	1단계 : 서류 100(3.5배수) 2단계 : 1단계 70 + 면접 30	-
경희대	네오르네상스	1단계 : 서류 100(3배수) 2단계 : 1단계 70 + 면접 30	-

〈건국대, 경희대, 연세대, 중앙대, 한국외대 연구진이 발표한
학생부종합전형 공통 평가요소 및 평가 항목〉

1순위 → 2순위 → 3순위
학업 역량   진로 역량   공동체 역량

학업 역량 대학 교육을 충실히 이수하는 데 필요한 수학 능력

1 학업 성취도
고교 교육과정에서 이수한 교과의 성취수준이나 학업 발전의 정도

2 학업태도
학업을 수행하고 학습해나가려는 의지와 노력

3 탐구력
지적 호기심을 바탕으로 사물과 현상에 대해 탐구하고, 문제를 해결하려는 노력

진로 역량 자신의 진로와 전공(계열)에 관한 탐색 노력과 준비 정도

1 전공(계열) 관련 교과 이수 능력
고교 교육과정에서 전공(계열)에 필요한 과목을 선택하여 이수한 정도

2 전공(계열) 관련 교과 성취도
고교 교육과정에서 전공(계열)에 필요한 과목을 수강하고 취득한 학업 성취 수준

3 진로 탐색 활동과 경험
자신의 진로를 탐색하는 과정에서 이루어진 활동, 경험, 노력 정도

공동체 역량 공동체의 일원으로서 갖춰야 할 바람직한 사고와 행동

1 협업과 소통 능력
공동체의 목표를 달성하기 위해 협력하며, 구성원들과 합리적인 의사소통을 할 수 있는 능력

2 나눔과 배려
상대방을 존중하고 이해하여 원만한 관계를 형성하며, 타인을 위하여 기꺼이 나눠주고자 하는 태도와 행동

3 성실성과 규칙 준수
책임감을 바탕으로 자신의 의무를 다하고, 공동체의 기본 윤리와 원칙을 준수하는 태도

4 리더십
공동체의 목표 달성을 위해 구성원들의 상호작용을 이끌어가는 능력

① 학업 역량 : 학업 성취도, 학업 태도, 탐구력에 대한 평가입니다. 보통은 내신에 대한 평가가 큰 비중을 차지합니다.

② 진로 역량 : 전공 관련 교과목 이수 노력, 전공 관련 교과 성취도, 진로 탐색활동과 경험을 평가합니다.

③ 공동체 역량 : 인성적인 면을 의미하는데 협업과 소통 능력, 나눔과 배려, 성실성과 규칙 준수, 리더십 등을 평가합니다.

학생과 학부모님들은 진로 역량이라고 하면 진로와 관련된 활동을 가장 먼저 생각하시는데, 그것보다는 전공과 관련된 교과목 이수와 성취도를 매우 중요하게 평가합니다. 많은 대학이 69p의 표처럼 핵심과목(전공을 위해서 필수적으로 이수해야 하는 과목)과 권장과목(좀 더 좋게 평가하기 위한 추천 과목)을 공개하기도 합니다.

〈경희대, 성균관대, 연세대, 중앙대에서 공동연구한 학과별 핵심과목과 권장과목 예시〉

모집 단위	핵심과목		권장과목	
	수학	과학	수학	과학
수학	수학I, 수학II, 미적분, 기하	–	확률과 통계	–
컴퓨터	수학I, 수학II, 미적분, 기하	–	확률과 통계, 인공지능수학	–
산업공학	수학I, 수학II, 미적분, 확률과 통계	–	–	–
물리	수학I, 수학II, 미적분, 기하	물리I, 물리II	확률과 통계	화학I
기계	수학I, 수학II, 미적분, 기하	물리I, 물리II, 화학I	확률과 통계	화학II
전기, 전자	수학I, 수학II, 미적분, 기하	물리I, 물리II, 화학I	확률과 통계	–
건설, 건축	수학I, 수학II, 미적분	–	확률과 통계, 기하	물리I
화학	수학I, 수학II, 미적분, 확률과 통계	화학I, 화학II	기하	물리I, 물리II, 생명I
재료, 화공, 고분자, 에너지	수학I, 수학II, 미적분	물리I, 화학I, 화학II	확률과 통계, 기하	물리II
생명과학, 환경, 생활과학, 농림	수학I, 수학II	화학I, 생명I, 생명II	미적분, 확률과 통계	화학II
천문, 지구	수학I, 수학II, 미적분	물리I, 화학I, 지구과학I, 지구과학II	확률과 통계, 기하	물리II
의학	수학I, 수학II, 미적분	화학I, 생명I, 생명II	확률과 통계	물리I, 화학II
약학	수학I, 수학II, 미적분	화학I, 화학II, 생명I, 생명II	확률과 통계, 기하	물리I
간호, 보건	수학I, 수학II, 확률과 통계	생명I, 생명II	미적분	화학I, 화학II

<고려대학교 모집단위별 이수 권장과목>

모집단위	이수 권장과목	
	기하	과학I, II
의과대학, 간호대학, 생명과학부, 생명공학부, 환경생태공학부, 식품공학과, 화학생명공과, 바이오시스템의과학부, 보건환경융합과학부	-	화학, 생명과학
수학과, 수학교육과, 컴퓨터학과, 사이버국방학과, 스마트보안학부, 데이터과학과, 인공지능학과	O	-
물리학과, 기계공학부, 전기전자공학부, 반도체공학과, 차세대통신학과	-	물리
화학과	-	화학
지구환경과학과	-	지구과학
융합에너지공학과, 신소재공학과, 바이오의공학부, 스마트모빌리티학부	-	물리, 화학
가정교육과, 건축사회환경공학부, 건축학과, 산업경영공학부	-	-

그렇다면 학생부종합전형으로 대입을 준비하는 데 유리한 고등학교 유형은 어디일까요? 특목고, 자사고, 영재학교, 일반고 등 많은 유형의 학교들이 골고루 선발됩니다. 학생부종합전형의 선발 방식은 보통 정성평가입니다. 따라서 학교의 커리큘럼, 환경, 교육 방향 등이 매우 중요합니다.

정성평가는 정해진 평가 기준에 따라 전공 역량, 공동체 역량, 인성, 발전 가능성, 계열(전공) 적합성 등 숫자로 나타내기 힘든 영역까지 평가하는 방식입니다. 학생부를 평가할 때 내신 외에 과목별 세부 능력 및 특기 사항, 창의적 체험 활동(자율활동, 동아리활동 등), 행동 특성 및 종합 의견까지 전반적으로 평가하기 때문에 상대적으로 내신을 받기 어려운 특목·자사고나 교육 특구의 학생들이 좋은 실적을 내고 있습니다.

물론 학생부종합전형이든 학생부교과전형이든, 일반고에 진학하는 학생이든 특목·자사고를 희망하는 학생이든 가장 중요한 것은 학업 역량입니다. 즉 대학에서 원하는 가장 중요한 역량은 내신을 포함한 학업적인 역량입니다.

③ 논술전형이란?

　논술전형이란 각 대학에서 출제한 문제에 대해 학생이 풀이·평가한 글로 학생의 논리적 사고력, 문제해결 능력 등을 평가하는 방식입니다. 논술전형은 주로 정시(수능) 위주로 대입을 준비하는 학생들, 또는 내신과 수능에 약한 학생들이 많이 선호합니다.

　인문사회계열 학과의 경우에는 특정 주제로 글을 쓰게 하고 학생이 풀이한 글이 얼마나 논리적인지를 평가합니다. 자연이공계열의 경우 난이도 높은 수학 문제가 대부분이며 간혹 수학과 더불어 과학 문제를 풀이하는 방식으로 평가하는 대학이 있습니다.

　논술전형은 선발 비율이 높지는 않기 때문에, 처음부터 논술전형에만 올인하는 것은 바람직하지 않습니다. 논술전형의 유형은 다음과 같이 크게 세 가지입니다.

> 1) 논술 100
> 2) 논술 100 + 수능최저학력 기준
> 3) 논술 + 학교생활기록부(대부분 내신, 필요시 출결) + (필요시 수능최저학력 기준)

대학	전형 방법	수능최저학력 기준
연세대	논술 100	–
고려대	논술 100	인문, 자연 : 4합 8(1) 경영 : 4합 5(1)
서강대	논술 80 + 교과 10 + 출결 10	인문, 자연 : 3합 7(1)
성균관대	논술 100	인문, 자연 : 3합 6 약학, 특성화학과 : 3합 5
한양대	논술 90 + 학교생활기록부 10	–
이화여대	논술 100	인문 : 3합 6(1) 자연 : 2합 5(1)(수학 포함) 약학 : 4합 5(1)
중앙대	논술 70 + 교과 20 + 출결 10	인문, 자연 : 3합 6(1) 약학 : 4합 5(1) *영어2까지 1로 간주
경희대	논술 100	인문, 자연 : 2합 5(2) 한의예 : 3합 4(2)
한국외대	논술 100	인문 : 2합 4(1)
건국대	논술 100	인문, 자연 : 2합 5(1) 수의예 : 3합 4(1)
동국대	논술 70 + 교과 20 + 출결 10	인문 : 2합 5(1) 자연 : 2합 5(1)(수학 또는 과탐 포함) 약학 : 3합 4(1)
홍익대	논술 90 + 교과 10	인문, 자연 : 3합 8(1)
숙명여대	논술 90 + 교과 10	인문, 자연 : 2합 5(1) 약학 : 3합 5(1)

논술전형을 고려하는 경우, 어떤 유형의 고등학교가 논술전형에 유리하다고 단정 지어서 이야기할 수는 없습니다. 학교보다는 아이가 해당 논술 과목에 강점을 가졌는지가 더욱 중요하기 때문입니다.

앞에서도 언급했듯이 내신과 수능 위주로 고입 대입 전략을 세운 뒤
에 부가적인 전략으로 준비하는 것이 바람직합니다.

④ 정시전형이란?

정시(수능 위주)전형은 수능이 절대적인 전형입니다. 내신을 반영
하는 대학도 있지만 소수이며, 수능의 영향력이 절대적입니다. 정시
는 앞서 살펴본 수시유형을 준비하기가 환경상 어렵거나 아이가 수
시의 성향에 맞지 않는 경우에 집중하는 경우가 많습니다.

정시전형의 경우 교육과정이 수시보다는 수능에 최적화된 학교가
유리합니다. 학생 수가 너무 적거나 실력이 우수한 학생이 많아서 내
신 받기가 어려운 학교라면 수시보다 정시 준비가 더 좋은 결과를 가
져올 수도 있습니다. 또한 수능을 준비할 수 있는 학원 등의 이용이
용이한 지역에 위치한 학생들이 유리합니다.

우리 아이는 정시가 맞을까, 수시가 맞을까?

매년 11월이 되면 온 국민의 관심사는 수능에 쏠립니다. 아직 수능과는 먼 이야기라고 해도 아이가 있다면 신경이 쓰일 수밖에 없는 이야기입니다. 그런데, 내 아이는 나중에 수능을 잘 볼 수 있을까요?

간혹 중학생 아이를 둔 부모님 중에는 학교 성적(내신)이 잘 안 나오면 언제부터 수능에 올인해야 할지를 물어보는 분들이 계십니다. 저는 벌써부터 이런 고민은 시기상조라고 생각합니다. 정시냐 수시냐 하는 문제는 아무리 빨라도 고등학교 1학년은 마치고 나서 고민할 사항입니다.

위와 같은 고민은 내 아이가 수시에 강할지 정시에 강할지를 모르는 불확실성에서 나오는 고민일 것입니다. 그래서 아이의 성향을 판단할 수 있는 몇 가지 기준을 말씀드리겠습니다. 아이가 고등학교에 진학할 때 즈음이 되면, 혹은 그 이전에라도 활용할 수 있는 지표가 있다면 활용해보시기 바랍니다.

① 희망하는 고등학교의 학교 시험지를 구해서 풀어보자

가장 좋은 방법은 아이가 진학할 가능성이 있는 고등학교의 내신

문제를 풀어보게 하는 것입니다. 해당 시험별 등급 컷을 학원 등을 통해 파악하면 아이가 어느 지점에 위치해있는지 파악할 수 있습니다. 시기는 지원하고 싶은 고등학교가 정해지는 중학교 3학년쯤 시도해보면 좋고, 선행이 좀 되어 있다면 그전에 풀어봐도 괜찮습니다. 이를 토대로 예상되는 내신으로 어떤 대학을 갈 수 있을지도 파악할 수 있습니다.

② 고등학교 모의고사 문제를 풀어보자

고등학교에서는 규칙적으로 모의고사를 풀게 되어 있습니다. 그중 고등학교 1학년 3월 모의고사를 추천합니다. 처음 치르는 모의고사로 대체로 중학교 범위이기 때문입니다(선행이 되어 있다면 고등학교 2학년, 3학년 모의고사도 괜찮습니다). 모의고사 성적이 너무 낮게 나온다면 내신을 받기 수월한 학교에 입학하여 학생부교과전형을 준비하는 것이 더 좋은 전략일 수도 있습니다.

그러나 아직 고등학교 생활을 해보지 않은 상황에서 어떤 전형에 주력해야 할지 고민하는 것은 변수가 너무 많습니다. 현재 내신 과목은 수능과 겹치는 부분이 많기 때문에 무조건 내신에 최선을 다해야 합니다. 또한 정시냐 수시냐를 고민하기보다는 초중등 때 아이의 학습 역량을 키워놓으면, 정시든 수시든 다양한 전략을 세울 수 있습니다.

03

성공적인 대입을 위해서는
특목·자사고를 목표로

십수 가지 고등학교의 종류에 놀라다

우리나라에는 여러 유형의 고등학교들이 존재합니다. 중3 자녀를 두신 학부모님 대상 고등학교 입시 설명회를 가면, 다양한 고등학교의 유형을 듣고 놀라시기도 합니다. 아이에게 맞는 학교를 선택하기 위해서는 우선 고등학교의 종류를 파악하는 것부터 필요합니다. 현재 고등학교는 크게 입학시기별과 유형별로 구분할 수 있습니다.

〈입학시기별, 유형별 고등학교 대분류〉

유형을 좀 더 자세히 살펴보면 다음처럼 나뉩니다.

〈유형별 고등학교 상세 분류〉

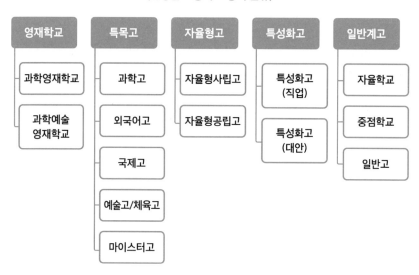

이 고등학교들이 입학시기에 따라 다음과 같이 나뉘는 셈입니다.

전기고 - 영재학교(6~8월), 과학고(9~11월), 마이스터고(10~12월),
예술고/체육고(10월), 특성화고(11월) 등

후기고 - 일반계고, 자율형고, 외국어고, 국제고 등(모두 12월)

또한 지원자격에 따라서는 다음과 같이 구분할 수 있습니다.

광역 단위 선발 - 중학교가 있는 광역시도 내의 고등학교만 지원 가능
(광역 단위 자사고, 일반고, 특목고, 국제고 등)

전국 단위 선발 - 전국의 학생 모두 지원이 가능
(전국 단위 자사고, 마이스터고, 영재학교 등)

이러한 구분 기준을 토대로, 현재 아이가 재학 중인 학교 및 우리 동네 주변에는 어떤 고등학교들이 있는지를 파악해보셔야 합니다. 아마도 똑같은 유형으로 알고 있던 고등학교가 실제로는 교육과정이나 교내 프로그램에서 상당한 차이를 보이고 있는 경우도 있을 것입니다.

고등학교 유형별 기본 정보

① 영재학교

영재학교는 말 그대로 국가가 영재교육을 실시하기 위하여 운영

하는 학교를 일컫는 것입니다. 흔히 '영재고'라고 부르지만 법적으로는 고등학교가 아닙니다. 고등학교 학력으로 인정할 뿐입니다. 대한민국의 모든 고등학교는 초중등교육법을 기초로 운영되는데, 그에 반해 영재학교는 영재교육진흥법에 따라서 운영됩니다.

이는 영재학교와 과학고의 가장 큰 차이점 중 하나이기도 합니다. 영재학교는 교육부 소속으로, 교육부 산하 중앙영재교육진흥위원회가 지정합니다(한국과학영재학교 제외). 또한 요건만 만족한다면 중학교 3년 과정을 모두 이수하지 않았어도 조기 졸업하고 입학하는 것이 이론적으로 가능합니다. 이 경우 고등학교를 정식으로 졸업한 것으로 인정됩니다.

영재학교는 크게 과학영재학교와 과학예술영재학교로 분류합니다. 과학영재학교는 과학인재 양성을 목표로 하고, 과학예술영재학교는 수학과학을 바탕으로 예술적 감성이 조화된 인재 양성을 목표로 하고 있습니다.

〈2025년 기준 영재학교 현황〉

과학영재학교	한국과학영재학교(부산), 서울과학고등학교(서울), 경기과학고등학교(경기), 대구과학고등학교(대구), 대전과학고등학교(대전), 광주과학고등학교(광주)
과학예술영재학교	세종과학예술영재학교(세종), 인천과학예술영재학교(인천)

* 한국과학기술원법에 따라 설립된 한국과학영재학교는 과학기술정보통신부 소속, 나머지는 교육부 소속

② 특목고

특목고(특수목적고등학교)란 풀어서 해석해보면 '특수 분야의 전문적인 교육을 목적으로 하는 고등학교'라는 뜻입니다. 특목고는 과학, 외국어, 예체능, 국제 등 특정 분야에서 뛰어난 재능을 가지고 있는 학생을 조기에 발굴하여 창의성을 계발할 목적으로 영재교육을 실시하도록 하는 것이 주된 목적입니다. 크게 과학고, 외국어고, 예술고, 체육고, 국제고, 마이스터고 등 6개로 나뉩니다. 그러나 최근 들어 입시 위주의 과학고와 외국어고 정도만이 특목고로 인식되고 있습니다.

과학고는 과학영재의 조기 발굴을 목적으로 세워졌으며 모든 학교가 국공립 고등학교입니다(과학영재학교 제외).

외국어고(외고)는 조기 외국어 교육을 목적으로 세워졌으며, 학교에 따라 영어과, 독일어과, 러시아어과, 프랑스어과, 중국어과, 일본어과 등이 개설되어 있습니다.

예술고는 문학, 음악, 무용, 미술, 연극영화 등 예술 각 분야의 조기 교육을 목적으로 세워졌습니다. 각 학교마다 개설되어 있는 과정이 다릅니다.

체육고는 우리나라 체육 진흥에 일조할 체육인 양성을 목적으로 설립되었습니다. 대부분 국공립으로 운영되고 있습니다.

국제고는 빠르게 변화하는 국제화, 정보화 시대에 맞는 인재 양성을 위해 설립되었습니다. 전국에 서울국제고, 고양국제고, 청심국제고, 인천국제고, 동탄국제고, 세종국제고, 부산국제고, 대구국제고가 있습니다.

마이스터고는 직업 교육을 위한 전문계 고등학교가 모두 특성화 고등학교로 전환됨에 따라 새롭게 신설되었습니다. 산업 수요 맞춤형 고등학교로 거의 모든 학생들이 졸업 후에는 산업 현장에 취업하게 됩니다.

③ 자율형고

자율형고는 학교 운영을 자율적으로 운영할 수 있도록 지정된 고등학교입니다. 크게 자율형공립고와 자율형사립고로 구분되는데, 자율형공립고(자공고)는 공립, 자율형사립고(자사고)는 사립이라는 뜻입니다. 자사고는 그 지역 학생들만 지원할 수 있는 광역 단위 자사고와 지역에 상관없이 누구나 지원할 수 있는 전국 단위 자사고로 분류합니다. 커리큘럼이 일반고 쪽에 가까운 자공고와 달리, 자사고는 자율적으로 교육과정을 운영하며 학생과 교사의 선발, 교육비 책정 등에 대해서도 정부의 간섭을 상대적으로 덜 받습니다. 또한 전국 단위 자사고는 정부의 보조금을 받지 않고 스스로 운영하기 때문에 일반 고등학교에 비해 학비가 매우 비싼 편입니다.

④ 특성화고

전에는 특성화고라는 명칭보다는 실업계 고등학교라고 불렸었는데, 말 그대로 특성화된 교육과정을 운영하는 학교라는 뜻입니다. 교과 과정 중 특정한 과목을 집중적으로 학습할 수 있도록 시설과 인력을 갖추고 있는 실업계 고등학교입니다. 주로 농업, 수산업, 애니메이션, 조리 등이 학과로 개설되어 있습니다.

⑤ 일반계고

일반계 고등학교는 부모님들이 흔히 알고 계시는 고등학교를 말합니다. 대학 진학 위주의 교과 과정을 진행하고 교육, 이수하는 고등학교를 의미합니다. 일반계고는 지역에 따라 크게 평준화, 비평준화로 나뉩니다.

특목·자사고를 목표로 공부하게 하라

초등·중학생 부모님들이 아이의 고등학교 입학에 관심을 가지고 공부를 지도하는 것은 당연합니다. 저는 여기서 한발 더 나아가, 부모님께 고등학교 중에서도 특목·자사고를 목표로 공부할 수 있게 지도하시라고 강조합니다. 어떤 부모님이 "선생님, 저희 아이가 ○○○ 일반고등학교를 목표로 하고 있는데, 무엇을 준비해야 좋을까요?"라고 물으시면, 저는 "어머님, 특목·자사고를 목표로 준비하게 하세요"라고 말씀드립니다.

일반고에 진학하는 전략을 세우는 것이 나쁘다는 것이 아닙니다. 대다수의 학생들은 일반고를 희망하고 있기도 하지요. 그럼 왜 굳이 특목·자사고를 목표로 준비하라고 할까요?

일단 특목·자사고는 객관적인 대입 실적이 좋습니다. 또한 특목·자사고에 입학하면 해당 고등학교에서의 생활이 아이의 다양한 역량을 키우는 데 도움이 됩니다. 입학 여부와 상관없이 특목·자사고를 목표로 하면 아이의 학습 태도를 키울 수 있습니다. 일반고는 대개 추첨으로 학생을 선발합니다. 반면 특목·자사고는 내신뿐 아니라 면접 등도 시행하여 선발하는 학교가 많습니다. 단순히 입시적으로 접근하면, 일반고에 입학하기 위해서는 특별히 준비할 것은 없는 셈입니다. 그러니 이왕 긴 학습 로드맵을 그린다면 특목·자사고를 목표로 준비할 수 있도록 동기부여를 해주시기 바랍니다.

특목·자사고의 장점을 정리하여 몇 가지만 살펴보겠습니다.

① 월등한 대입 실적

아이와 부모 모두 고교 선택 기준에서 가장 중요하게 생각하는 것은 대입 실적일 것입니다. 85p의 표는 영재학교와 과학고를 제외한 '2024학년도 고등학교별 서울대 합격자 수' 상위 10개 학교를 나타낸 것입니다. 상위 9개 학교가 모두 특목·자사고임을 알 수 있습니다. 수시 실적은 학생부종합전형의 실적을 나타낸 것인데, 학생부종합전형에서 좋은 실적을 나타내고 있는 것은 그만큼 교내 커리큘럼이 경쟁력 있기 때문입니다. 참고로 수시 위주의 실적을 내는 학교가 맞을지, 정시 위주의 실적을 내는 학교가 맞을지 판단하는 것은 매우 중요합니다.

〈2024학년도 고등학교별 서울대 합격자 수〉

순위	학교명	합격자 수	수시	정시	유형	지역
1	외대부고	66	28	38	전국자사고	경기
2	대원외고	45	24	21	외국어고	서울
3	중동고	42	6	36	광역자사고	서울
4	하나고	39	31	8	전국자사고	서울
5	상산고	36	3	33	전국자사고	전북
5	선덕고	36	19	17	광역자사고	서울
5	휘문고	36	3	33	광역자사고	서울
8	세화고	35	7	28	광역자사고	서울
9	보인고	33	6	27	광역자사고	서울
10	낙생고	29	2	27	일반고	경기

　86p의 표는 연도별로 정리한 '고등학교 유형별 서울대 일반 전형 합격 인원, 비율' 표입니다. 최근 2024학년도 비율을 보면, 일반고

출신 학생의 비율이 30%가 되지 않습니다. 전국의 고등학교 중 일반고가 차지하는 비율은 약 70%입니다. 이를 감안할 때 서울대 일반전형의 일반고 합격 비율이 30%가 안 된다는 것은 상당히 낮은 비율임을 알 수 있습니다. 그만큼 특목·자사고의 합격 비율이 높다는 것입니다. 물론 서울대 상황만 보고 판단할 수는 없지만, 특목·자사고가 대입에서 강세를 보이고 있다는 것은 대입 결과를 통해서 입증되고 있습니다.

〈고등학교 유형별 서울대 일반 전형 합격 인원, 비율〉

연도	일반고	자사고/자공고	과학고	영재학교	외국어고/국제고	예술고/체육고	기타
2024	419 (27.9%)	256 (17.1%)	141 (9.4%)	329 (21.9%)	254 (17.0%)	94 (6.3%)	8 (0.6%)
2023	388 (27.7%)	274 (19.6%)	93 (6.6%)	290 (20.7%)	250 (17.9%)	93 (6.6%)	14 (1.1%)
2022	446 (28.3%)	295 (18.8%)	115 (7.3%)	304 (19.3%)	261 (16.5%)	139 (8.8%)	14 (0.9%)
2021	492 (29.1%)	308 (18.2%)	142 (8.4%)	308 (18.2%)	261 (15.4%)	159 (9.4%)	19 (1.1%)
2020	588 (33.6%)	320 (18.3%)	133 (7.6%)	265 (15.2%)	263 (15.1%)	167 (9.5%)	13 (0.7%)
2019	584 (33.4%)	271 (15.5%)	161 (9.2%)	275 (15.7%)	221 (13.2%)	169 (9.6%)	20 (1.2%)

② 고입은 대입의 학생부종합전형 축소판

고입의 자기주도학습전형과 대입의 학생부종합전형은 크게 보면 전형 방식이 비슷합니다. 학교마다 약간 상이하지만, 보통은 내신, 학생부, 면접을 통해 학생들을 선발합니다. 그러니 고입은 대입을 위한 모의고사라고 봐도 무방합니다. 실제로 고입 당시 특목·자사고를 준비했던 학생 대다수가 대입을 준비하는 데 많이 수월했다고 이야기합니다. 특목·자사고를 준비한 경험 자체로도 대입에 많은 도움이 될 수 있는 것입니다.

〈고입 전형과 대입 전형의 비교〉

구분	전형명	전형 방식 (단계별)	자기소개서	면접
고입	자기주도학습전형	1단계 : 내신 2단계 : 면접	있음	있음
대입	학생부종합전형	1단계 : 서류 2단계 : 면접	없음 (특수대학 제외)	있음 (학교별로 상이)

③ 다양한 전공 관련 교과목의 개설

특목·자사고는 일반고와 비교해서 전공 관련 교과목이 다양하게 개설되어 있습니다. 단적으로 수학만 비교해보면, 일반고에 개설되어 있는 과목은 수학 상하, 수학I·II, 미적분, 기하, 확률과 통계 정도가 대부분입니다. 그러나 특목·자사고는 수학은 물론 과학 및 사회에서도 심화 과목들이 많이 개설되어 있습니다.

대입 학생부종합전형의 평가 요소로는 크게 '학업 역량', '진로 역량', '공동체 역량'이 있습니다. 그중 진로 역량에서 평가하는 내용에 '전공 관련 교과 이수 노력'이라는 항목이 있습니다. 이는 전공과 관련한 과목을 얼마만큼 이수했느냐를 의미합니다. 상대적으로 일반고보다 특목·자사고에 전공 관련 교과가 많이 개설되어 있기에 학생부종합전형에서도 유리할 수밖에 없습니다.

〈전국 단위 자사고인 하나고, 외대부고의 심화 과목 개설 예시〉

구분	하나고	외대부고
수학	수학적사고와 통계, 심화미적분학I·II, 수학세미나, 선형대수학, AP통계학, AP미적분학	미적분학I·II, AP미적분학, 심화통계학, 심화미적분학, 선형대수학
사회	AP거시경제, AP미시경제, AP세계사, 국제경제, 국제정치, 비교문화	AP심리학, AP비교 정치, AP세계사, AP거시경제, AP미시경제, 국제 경제, 빅데이터 분석, 비교 문화
과학	AP물리학, 고전역학, 고급물리, AP컴퓨터과학, 전자기학 및 실험, AP화학, 고급화학, 유기화학, AP생물학, 고급생명과학, 세포생물학의 이해	AP화학, AP생물학, AP물리학, AP컴퓨터과학, 고전역학, 유기화학, 분자생물학

* 교육과정 개설 과목은 해마다 상이합니다.

④ 탁월한 면학 분위기

특목·자사고의 학생 대부분은 본인 스스로 선택해서 입학한 학생입니다. 학업에 대한 의지가 강한 학생들이 많아 면학 분위기가 매우 좋습니다. 그만큼 공부할 때는 대부분 공부에만 집중한다는 것이지요. 제가 자사고에 있을 때 한 학생이 이런 얘기를 한 적이 있습니다.

"선생님, 공부하다가 갑자기 놀고 싶어서 누구랑 놀까 주위를 둘러보면 모두 공부하고 있어요. 그래서 저도 어쩔 수 없이 공부하게 돼요."

그렇다고 항상 공부만 하는 것은 아닙니다. 특목·자사고는 공부만큼 학교 축제나 기타 다양한 활동들도 많아 이를 통해 본인의 끼를 발산하거나 학업적인 스트레스를 해소하는 학생들도 많습니다. 특목·자사고 하면 공부에만 찌들었다는 오해가 있기도 한데, 다양한 활동들을 통해 오히려 더 즐기며 학교 생활을 충실히 합니다.

⑤ 다양한 교내 프로그램을 통한 양질의 학교생활기록부

과학을 예로 들면, 요즘 학생들이 탐구 보고서를 작성하거나 그에 따른 실험을 하려면 외부 기관에 의뢰해서 승인을 받아야 하는 경우가 많습니다. 그러나 일반고에 비해 교육환경이 잘 구비되어 있는 특목·자사고는 웬만한 것은 모두 학교 내에서 해결되는 경우가 많습니다. 즉 다양한 교내 프로그램이 있다는 의미입니다. 다양한 교내 프로그램 활동은 학교생활기록부에 기재되는데, 이는 양적으로나 질적으로나 대입에서 경쟁력이 있는 학교생활기록부가 만들어지게 되는 것입니다.

〈특목·자사고 교내 프로그램 예시〉

하나고	외대부고	대원외고
선택형 교육과정 하나학술제 하나논총 경제경영디플로마 국제학술심포지엄 집현(스터디 모임) 코딩스쿨 국제교류 프로그램 1인 2기 수영인증 학교 스포츠클럽	ARC ET RCnP RnD CID 소디포 유리프 TTU 1인 1음악/1인 1체육 오케스트라 HAFS FESTIVA	대원학술제(지, 인, 용) DCSP DHS 해외 청소년 교류 프로그램 교내 외국어 학당 두리나눔봉사대회 학부모, 동문 초청 진로특강 체육문화예술활동

　서술한 장점 외에도 특목·자사고는 여러 장점이 존재합니다. 수행평가의 비중이 높은 과목들이 많아 다양한 개인·조별 과제들이 많습니다. 이는 다양한 상황에서의 문제해결 능력, 의사소통 능력 등을 키울 수 있습니다. 이외에 기숙사 등이 크게 갖춰져 있는 경우가 많아 아이들이 단체 생활을 하면서 자기주도성과 공동체 의식을 키울 수도 있습니다.

　물론 일반고에 진학해서 자기주도적으로 공부하고 역량을 키워나간다면 문제는 없습니다. 그러나 특목·자사고 입학을 준비하는 과정 자체가 대입의 축소판이므로, 대입을 위해 미리 대비해보는 것도 아이 스스로에게 정말 많은 도움을 줄 것입니다. 또한 입학할 수 있게 된다면 우수한 친구들과 풍부한 경험을 하며 공부해나갈 수 있고, 아이 스스로 자신의 길에 대해 좀 더 확고한 신념을 갖게 될 것입니다. 그러므로 내 아이의 성향을 잘 파악해서 미리 로드맵을 준비해보시기 바랍니다.

특목·자사고의 유형별 특징

특목·자사고의 경쟁률은 해마다 올랐다가 2025학년도에 약간 하락했습니다. 그 이유는 고교학점제의 불확실성, 내신 5등급제의 부담감, 학생 수 감소 등을 뽑을 수 있습니다. 하지만 고교학점제가 정착되고 특목·자사고의 실적이 검증되면 인기는 다시 올라갈 것으로 판단합니다. 우리 역시 미리 알고 준비하여, 치열한 경쟁에서 아이가 도태되지 않도록 지원해줄 필요가 있습니다.

〈2024 vs 2025 전국 특목·자사고 경쟁률 비교〉

학교	2024학년도 일반 경쟁률	2025학년도 일반 경쟁률
영재학교	6.44	6.38
과학고	3.82	3.49
광역 단위 자사고	1.34	1.14
전국 단위 자사고	2.36	1.82
국제고	2.04	1.86
외국어고	1.44	1.38
총계	1.98	1.73

여기서는 특목·자사고 합격 전략을 다양하게 알아보겠습니다. 아이가 중학생이라면 유형별 전략을 미리 파악하여 준비하는 자세가 필요합니다. 아직 초등학생이라고 하더라도 고등학교의 유형이 이토록 다양하며 고입 역시 만만하지 않음을 깨닫고, 긴 로드맵을 그려보길 바랍니다. 고등학교 유형별로 선발 시기, 서류 평가 방식, 면접 방식 등이 다양하므로 어떤 유형에 아이가 더 적합한지, 어떻게 준비할지를 미리 고민해봐야 합니다.

〈고등학교 유형별 선발 방식(선발방식은 학교마다 약간 상이할 수 있음)〉

학교 유형	선발 방식
과학고	• 1단계 : 서류평가(학교생활기록부, 자기소개서 + 추천서), 교과성적(수학, 과학 4학기) • 2단계 : 면접
영재학교	• 1단계 : 서류평가(학교생활기록부, 자기소개서 + 추천서) • 2단계 : 영재성 검사(수학, 과학 교과 지식을 바탕으로 한 문제해결력 평가) • 3단계 : 영재성 캠프
전국 단위 자사고	• 1단계 : 내신 + 출결 감점 점수 • 2단계 : 1단계 성적 + 면접(자기주도학습영역 + 인성) * 자사고 입시를 '자기주도학습전형'이라고 하며, 반영하는 과목 및 학년은 교육감의 승인을 받아 학교가 자율 결정
광역 단위 자사고	• 서울형 경쟁률 1:1 미만 : 전원 합격 경쟁률 1~1.2 : 추첨(면접 X) 경쟁률 1.2~1.5 : 면접(추첨 X) 경쟁률 1.5~ : 1.5배수로 추첨 후 면접 • 기타 중학교 내신 성적 기준으로 1단계 선발 후 면접
외국어고, 국제고	• 1단계 : 영어 내신(160) + 출결 감점 점수 • 2단계 : 1단계 성적(160) + 면접(40)(자기주도학습영역 + 인성)
일반고 (평준화)	• 선 지원 후 추첨에 의해 교육감이 학교 배정
일반고 (비평준화)	• 중학교 내신 기준으로 학생 선발

*평준화(일반고)
  학군 내에서만 지원 가능, 정원만큼 내신 성적 순으로 선발하고 이후 추첨하여 근거리 또는 지망순위에 따라 배정

*비평준화(일반고)
  광역 단위로 지원 가능, 내신 성적이 높은 순서대로 선발

학교별 지원과 선발 방식

① 과학영재학교, 과학예술영재학교

1) 기본 정보

◦ 학생 수 : 영재학교는 과학예술영재학교를 포함하여 전국에 총 8개가 있으며, 800명 정도 선발합니다.

◦ 선발 시기 : 선발은 매년 5월에 시작하여, 여름방학 전후로 마무리됩니다.

◦ 지원 자격 : 영재학교는 학년, 지역에 상관없이 지원 가능합니다.

◦ 특징 : 무학년제, 졸업이수학점제, 교과교실제, 융합교육과정을 운영하는 것이 특징입니다.

◦ 선발 방식 : 보통 3단계로 진행됩니다. 1단계는 서류평가(학생기록물평가), 2단계는 영재성 검사(창의성 문제해결력 검사), 3단계는 영재성 캠프 방식으로 선발합니다.

◦ 그 외 : 영재학교에 떨어져도 전기고 중에서는 과학고, 후기고 중에서는 자율형고 및 일반고 지원이 가능합니다.

2) 대학 진학 특징 및 현황

❶ 교육과정이 수능에 맞춰져 있지 않습니다. 때문에 주로 수시 전형을 통해 상위권 대학에 진학합니다.

❷ 영재학교는 과학 영재를 양성하는 것이 목적이므로, 의약계열의 진학이 쉽지 않습니다.

❸ 국내 일반대학은 물론이며 카이스트 같은 특수대학 합격 비율이 일반고에 비해 매우 높습니다.

3) 선발 방식과 관련하여

영재학교는 수학, 과학과 관련하여 학생기록물평가로 1단계 합격자를 결정합니다. 학생기록물평가란 심층 학교생활기록부, 자기소개서, 자기소개서 증빙자료, 추천서를 통하여 평가하는 것을 말합니다.

2단계에서는 수학과 과학으로 구성된 영재성 검사를 시행합니다. 여기서는 창의력과 문제해결력 등을 평가합니다. 3단계에서는 캠프가 이루어지는데, 실험, 토론, 과제수행, 과학 글쓰기, 인성 등을 종합적으로 평가합니다. 이렇게 하여 최종합격자가 결정됩니다. 3학년 2학기 학업이 성실하지 않으면 최종 합격이 취소될 수 있으니 유의해야 합니다.

② 과학고등학교

1) 기본 정보

◦ 선발 시기 : 8월에 원서 접수, 11월에 최종 합격자 발표가 됩니다.

◦ 지원 자격 : 수학, 과학 분야 등의 자기주도적 학습 역량과 인성 등을 겸비한 학생을 중학교 학교장이 추천합니다. 영재학교에 지원했다가 불합격한 학생도 과학고에 지원 가능합니다.

◦ 특징 : 물리, 화학, 생물, 지구과학 실험 과목을 편성하여 우수한 실험 능력을 갖추도록 하는 것이 특징입니다. 이러한 이유로 탐구 과제, 연구활동 및 R&E(Research & Education) 교육 과정 프로그램을 다양하게 구성합니다. 수학, 과학에서의 일반, 전문, 심화 과정을 이수하도록 구성하고 있습니다.

◦ 선발 방식 : '서류평가와 방문면담-소집면접' 일정으로 이루어집니다. 제출 서류 바탕의 방문면담과 수학, 과학 구술평가로 진행되는 소집면접 두 차례로 지원자를 평가하는 방식입니다.

2) 대학 진학 특징 및 현황

❶ 주로 수시전형(학생부종합전형, 일부 특기자전형)을 통해 진학합니다. 요즘엔 정시가 확대되어 정시도 고려하는 학생들이 증가하고 있습니다.

❷ 대다수가 수학, 과학 전문 분야를 통한 이공계 대학으로 진학하고, 소수는 의약계열로 진학합니다.

❸ 실기 위주 전형(예를 들면 성균관대의 과학인재전형)을 통한 국내 상위권 대학 진학이 일반계고보다 유리합니다.

3) 선발 방식과 관련하여

과학고는 보통 2단계로 진행됩니다. 1단계에서는 학생부와 자기소개서 내용을 확인하는 출석면접을 진행합니다. 물론 수학과 과학 내신을 A로 받는 것이 중요하지만, A가 아니어도 역량이 확인되

면 통과하는 경우도 있습니다. 자기소개서의 경우 탐구활동을 통해
역량을 키우고 발전된 모습을 보여줬다는 것을 어필하는 것이 좋고,
탐구를 설계하고 탐구하는 과정과 결과를 보여줘야 합니다.

2단계에서는 소집면접을 진행하는데, 수학과 과학 역량을 평가합
니다.

③ 외국어고, 국제고

1) 기본 정보

- 선발 시기 : 12월 초에 원서 접수가 이루어집니다.
- 지원 자격 : 중학교 졸업 예정자입니다.
- 선발 방식 : 1차(서류전형)와 2차(1단계 성적과 면접)로 진행됩
  니다.

- 외국어고 특징
-외국어(80 단위) 중 전공 외국어의 이수 단위가 많아 비중이 높
습니다.
-전공언어별 심화 학습, 듣기, 회화, 문법, 작문 등의 외국어 교과를

선택하여 이수하므로 언어 관련 역량이 타의 추종을 불허합니다.

◦ 국제고 특징

-사회 과목에 국제정치, 국제관계, 국제법 등 국제 관련한 과목이 많아 사회과학이나 국제계열을 희망하는 학생에게 유리합니다.

2) 대학 진학 특징 및 현황

❶ 외국어고와 국제고는 고입에서 영어 내신만 반영(동점자는 국어, 사회로 변별)하므로 수학 등 다른 과목에 약한 학생들이 많습니다. 또한 수능 모의고사 준비에 취약해 정시에서 경쟁력이 약해졌습니다.

❷ 국제고는 외국어고에 비해서 그 수가 적기 때문에 경쟁률이 외국어고에 비해 높은 편입니다.

❸ 외국어고 학생 중 어문계열 진학자는 약 20~30%를 차지하며, 외국어고 국제고 모두 교육과정 특성상 이공계열에 진학하는 것은 거의 어렵습니다.

❹ 외국어고는 상대적으로 해외 명문 대학 진학률이 높습니다. 해외 유학에서 유리한 점도 있습니다.

3) 선발 방식과 관련하여

외국어고와 국제고는 선발 방식이 동일합니다. 1단계에서는 2학년 1학기~3학년 2학기까지 네 학기의 영어 내신만 반영합니다. 다만 1단계에서 동점자가 발생하면 국어와 사회 내신으로 동점자를 가르기 때문에, 영어뿐 아니라 국어와 사회 내신 모두 A를 받아놓는 것이 중요합니다(메이저 외국어고의 경우 이로 인해 갈리는 경우가 많음을 주의하시기 바랍니다). 2단계는 총 200점 만점이며, 1단계 성적(160점 만점)과 면접(40점 만점)이 합산되어 최종 합격생이 선발됩니다.

④ 전국 단위 자사고

1) 기본 정보

- 선발 시기 : 매년 12월에 원서 접수가 이루어집니다.
- 지원 자격 : 중학교 졸업 예정자입니다(거주지 제한을 두는 경우도 있음).
- 선발 방식 : 자기주도학습전형으로 1, 2단계에 거쳐 선발합니다. 1단계는 주요과목 내신 + 출결(감점)이며 2단계는 1단계 성적 + 면접(자기주도학습영역 + 인성)입니다.
- 특징 : 여러 고등학교 중에서 가장 자유로운 교육 과정으로 운영되고 있습니다. 논술, 토론 수업 등 대입 전형에 맞는 맞춤식 수업이 운영된다는 점이 장점입니다.

2) 대학 진학 특징 및 현황

❶ 외국어고, 과학고와 달리 입학 후 자유롭게 문이과계열 적성을 선택할 수 있습니다. 특히 이과 성향 학생들의 의, 치, 한, 약계열

진학이 많습니다. 민사고는 타 자사고에 비해 해외반이 많아 해외 대학 진학률이 높습니다.

❷ 같은 전국 단위 자사고라 할지라도 대학 진학을 위한 입시 전형이 학교별로 조금은 다를 수 있습니다.

❸ 수시에서는 주로 학생부종합전형으로 대입을 준비하며, 학교생활기록부 관리에 심혈을 기울여 일반적으로 수시 실적이 상당히 우수한 편입니다.

3) 선발 방식과 관련하여

자사고의 경우에는 전국 단위 자사고와 광역 단위 자사고로 나뉩니다. 보통 전국 단위 자사고는 1단계 내신, 2단계 면접으로 선발합니다. 한편 서울의 광역 단위 자사고는 추첨으로 선발합니다(서울 외의 광역 단위 자사고는 내신을 반영하는 경우도 있습니다).

❶ 전국 단위 자사고

전국 단위 자사고는 1단계에서 내신으로 2배수를 선발한 뒤 면접을 치르는 식이 대부분입니다. 내신은 주로 주요 과목(국어, 영어, 수학, 사회, 과학)을 반영하는데 2학년 1학기~3학년 2학기 네 학기를 반영하는 곳이 많습니다. 다만 상산고의 경우 세 학기(2학년 1학기~3학년 1학기)를 반영하는 등 학교마다 선발 방식에 약간의 차이가 있습니다.

2단계에서는 자기소개서와 학생부를 기반으로 하여 15분 내외의 면접을 진행합니다(상산고의 경우 문제를 푸는 형식인 창의력 면접 문제, 독서와 인성 역량 면접 크게 두 가지로 나누어지기 때문에 보통의 전국 단위 자사고 면접과는 약간은 다르게 준비해야 합니다).

② 광역 단위 자사고

광역 단위 자사고는 경쟁률에 따라 선발하는 방식이 약간 다릅니다. 일반적으로 경쟁률이 1:1 미만이면 전원 합격, 1~1.2면 추첨으로 선발합니다. 경쟁률이 1.2~1.5면 추첨 없이 면접으로 선발하고, 1.5가 넘어가면 1.5배로 추첨한 후 면접으로 선발합니다. 면접은 주로 자기소개서 기반으로 진행하며, 경쟁률이 높아질 것을 대비해 자기소개서를 미리 작성해두는 것을 추천합니다.

좋은 고등학교
선택의 기준

얘들아, 급식·교복이 중요한 게 아니야!

어떤 고등학교에 가고 싶은지 아이들한테 물어보면 두 가지 답은 꼭 듣는 것 같습니다.

"밥이 맛있어야 해요. 밥 먹는 즐거움이라도 있어야죠."
"교복이 예뻐야 해요. 칙칙한 교복 입으면 놀린단 말이에요."

이해되면서도 한편으론 더 중요한 것들을 놓치지는 않을까 걱정도 되는 말입니다. 일반적으로 아이들이 학교를 선택하는 기준으로는 집과의 거리, 학교 분위기, 건물의 노후 정도, 맛있는 급식, 예쁜 교복 등의 다양한 요소들이 있습니다. 물론 이러한 요소들을 고려해서 선택하는 것이 잘못된 것만은 아닙니다. 하지만 더 중요한 것은 따로 있습니다.

입시적으로만 접근했을 때는 건물, 교복 등은 사실 중요하지 않습니다. 아이의 미래를 위해서는 고등학교 정원, 문이과 비율, 표준편차, 교내 프로그램, 남녀공학, 기숙사 여부 등 다양한 요소들을 필히 체크해야 합니다. 다음은 특목·자사고에 가지 않기로 결정했거나 특목·자사고에 떨어진 경우를 대비하여, 일반고를 선택할 때 꼭 체크해야 할 요소들입니다.

일반고 선택에 꼭 필요한 11가지 기준

① 고등학교 정원

고등학교 정원은 꼭 체크해야 할 요소입니다. 정원에 따라 내신 등급을 받는 학생의 수가 달라지기 때문입니다. 이는 특히 대입 전형 중에서도 학생부교과전형을 우선적으로 생각한다면 매우 중요합니다(학생부종합전형의 경우 단순하게 등급을 수치로만 평가하는 정량평가가 아니고, 입시 환경 등을 종합적으로 평가하는 정성평가 방식을 택하고 있기 때문에 단순히 정원이 적다고 해서 불리하진 않습니다).

2028 대입 개편을 기준으로 1등급은 10%에 해당합니다. 이에 따

르면 정원이 300명인 고등학교에서는 1등급이 30등까지이고, 정원이 200명인 고등학교에서는 1등급이 20등까지인 셈입니다. 즉, 정원이 많은 학교에 진학하게 되면 상대적으로 내신 등급에 유리한 것이지요. 때문에 학교 정원을 잘 살펴봐야 한다는 것입니다.

이러한 고등학교 정원을 알 수 있는 대표적인 서비스로 학교알리미(www.schoolinfo.go.kr)가 있습니다. 학교알리미는 2008년 12월부터 초등·중학교 정보공시제를 기반으로 교육부에서 정한 공시 기준에 따라 매년 1회 이상 학교 정보를 공시하고 있으며, 학생, 교원현황, 시설 및 학교폭력 발생현황, 재정상황, 급식상황, 학업성취 등과 같은 학교의 주요 정보들을 쉽게 확인할 수 있습니다. 특히 학업성취도는 학교의 수준을 가늠하는 데에 매우 유용한 자료가 되기도 합니다. 또한 고입정보포털(www.hischool.go.kr) 사이트에서도 각 고등학교 현황정보 및 입시정보 등을 알 수 있습니다.

〈학교알리미 학생현황 예시〉

2024학년도 구분	2024학년도															
	1학년		2학년		3학년		특수학급		순회학급		계		교원수	수업 교원수	수업교원 1인당 학생수
학과(과정)	학급수	학생수	학급수	학생수	학급수	학생수	학급수	학생수	학급수	학생수	학급수	학생수			
7차일반	14	356	15	374	14	362	0	0	0	0	43(0)	1,092(0)			
계	14	356	15	374	14	362	0	0	0	0	43(0)	1,092(0)	99	89	12.3
학급당 학생수	25.4		24.9		25.9		0		0		25.4				

② 문이과 비율

진로가 문과(인문계열)인지, 이과(자연계열)인지에 따라 문이과 비율은 매우 중요합니다. 고등학교 1학년 때는 보통 문이과 구분 없이 공통과목을 배우며 내신도 문이과가 같이 산출됩니다. 그러다가 2학년이 되면 진로와 관련하여 과목 선택이 크게 문과와 이과로 나눠지게 되고, 과목당 이수 인원은 줄어들게 됩니다.

보통 남고와 남여공학의 경우에는 이과의 비율이 높은 편이고, 여고의 경우에는 문이과 비율이 비슷하거나 약간 차이나는 정도입니다. 물론 같은 학교라 해도 학년에 따라 문이과 비율이 약간은 다르지만, 아이가 어느 계열로 진학하려고 하는가에 따라서는 고등학교의 문이과 비율을 미리 살펴보는 것이 중요합니다. 학교 전체 정원과 마찬가지로 아이가 문과계열을 희망한다면 문과 인원이 적은 학교보다는 많은 학교로 진학하는 것이 훨씬 유리한 이유입니다. 학교 개설과목 및 문이과 등의 비율은 해당 고등학교 홈페이지 및 학교알리미, 또는 직접 학교에 문의하거나 재학 중인 학생의 부모님을 통해 확인할 수 있습니다.

③ 대입 준비의 방향

희망하는 고등학교의 대입 실적을 참고하여 수시와 정시 중 어떤 전형 위주로 합격했는지 파악해야 합니다. 우리 아이는 내성적이고 활동적이지 않아서 수행평가나 활동이 많은 학교는 잘 맞지 않을 수도 있습니다. 교내활동 등이 많아 힘들어하는 학생이라면, 내신을 받기 쉬운 고등학교에서 학생부교과전형을 우선적으로 준비하도록 해야 좋을 것입니다. 반대로, 교내활동이 많이 이를 즐기는 것을 좋아하는 아이는 학생부종합전형이 잘 맞을 수 있습니다. 학교생활기록부에 다양한 역량을 드러낼 수 있기 때문입니다. 또한 수능 문제풀이에 최적화되어 있는 아이라면 정시 준비가 잘되는 학군지의 일반고가 잘 맞을 수 있습니다.

④ 실력 차를 확인할 수 있는 표준편차

산포도의 하나인 표준편차는 학생들의 실력 차를 가늠할 수 있는 지표입니다. 표준편차란 간단히 이야기하면 평균으로부터 얼마나 흩어져 있는지를 나타내는 개념입니다. 즉 표준편차가 크면 학생들이 평균으로부터 많이 떨어져 있어 실력 차이가 크다는 뜻이고, 표준편차가 작으면 평균에 많이 몰려 있어 실력 차이가 작다는 의미입니다.

좀 더 쉽게 말하자면 표준편차가 큰 학교는 실력 차가 크므로 잘하는 아이들과 못하는 아이들의 성적 차이가 크다는 말이고, 표준편차가 작은 학교는 실력 차가 작으니 비슷한 성적대의 학생들이 모여 있어서 공부를 좀 잘하는 학교라는 것을 간접적으로 알게 해줍니다. 표준편차는 대입 중에서도 학생부종합전형에서 내신을 평가할 때 매우 중요하게 평가합니다. 따라서 고등학교 선택 기준에서, 선배들의 과목별 표준편차를 유의미하게 판단해야 합니다. 참고로 2028학년도 대입에서 고교별 표준편차가 대학에 제공되지는 않지만, 고등학교 선택 기준으로는 선배들의 표준편차를 참고할 수 있습니다.

⑤ 기출문제 유형 및 난이도

같은 학군지라도, 또 비슷한 대입 실적을 내는 고등학교라도 문제 유형과 난이도는 상이할 수 있습니다. 내신 문제의 유형이 변형 혹은 심화일 수도 있고, 난이도가 매우 높거나 낮을 수도 있습니다. 희망하는 고등학교의 내신 기출문제를 구해서 아이가 미리 풀어보거나, 이미 입학한 선배들 또는 학원 선생님을 통해 내신 유형을 파악해서 학교 선택의 기준으로 삼아야 합니다.

예를 들어 문제풀이 시 실수가 잦은 아이라면 내신 문제를 쉽게 출제하는 학교는 피하는 것이 나을 수 있습니다. 실수 한두 개로 등급이 확 떨어져 힘들어하는 경우가 많기 때문입니다.

⑥ 희망 전공과 관련한 교육과정 개설 여부

대입 학생부종합전형의 세 가지 중요한 평가 요소는 학업 역량, 진로 역량, 공동체 역량입니다. 그중 진로 역량에서는 전공 관련 교과 이수 노력을 매우 중요하게 평가합니다. 예를 들어 학생이 원하는 진로가 천문학자라고 가정한다면 지구과학Ⅰ·Ⅱ의 이수는 매우 중요합니다. 그런데 희망하는 고등학교에 지구과학Ⅱ 과목이 개설되어 있지 않다면, 학생부종합전형을 준비하는 데 있어서 상대적으로 좋은 점수를 받기는 어렵습니다. 해마다 개설되는 교육과정은 조금씩 다를 수 있지만, 학교 홈페이지나 학교알리미 등을 통해서 해당 학교의 연도별 교육과정과 개설 과목 등을 보고 어느 정도 예측할 수 있습니다. 학생부종합전형이 우선 목표라면 교육과정 편제 확인은 필수입니다.

⑦ 다양한 교내 프로그램

고등학교마다 개설된 교내 프로그램은 매우 다릅니다. 학교의 교육 정책, 대입 방향, 학교 예산, 교사의 적극성 등에 따라 교내 프로그램의 다양성이 결정됩니다. 교내 프로그램이 다양하다는 것은 학교생활기록부를 풍성하게 만들 수 있다는 것이기도 하며, 그만큼 학교의 노력을 엿볼 수 있는 지표이기도 합니다. 학교의 대입 정책과 방향이 적극적으로 학생들을 위한 목적에 맞춰져 있는지에 따라 대입 결과가 달라질 수 있습니다. 때문에 학교설명회나 홈페이지를 통해 학교의 교육방향 및 정책을 확인해야 합니다.

⑧ 학교생활기록부 관리

아무리 교내활동이 많고 아이가 적극적으로 활동한다 해도, 결국 학교생활기록부에 담기는 것이 중요합니다. 학교생활기록부 기록은 학교와 교사마다 관리해주는 것이 다를 수 있습니다. 우선 큰 관점에서 희망하는 학교가 학교생활기록부를 잘 관리해주는 편에 속하는지를 파악해야 합니다. 가장 좋은 방법은 주변 학교 출신 학생들의 학교생활기록부를 입수하여 직접 파악하거나 선배들의 이야기를 들어보면 좋습니다. 현실적으로 이마저도 힘들다면, 대입 상담 전문가를 찾아 주변 학교의 학교생활기록부에 대한 객관적 평가를 들어보는 것도 좋습니다.

⑨ 학교 분위기

학교 분위기는 학교 자체를 판단하는 데도 도움이 되지만 분위기와 아이의 성향이 맞는지를 맞춰보는 데도 도움이 됩니다. 아이가 만약 학교의 분위기에 민감하다면, 소위 말하는 분위기가 좋지 않은 학교에 보내지 않도록 해야 합니다. 내신을 받기 쉬운 환경이지만 분위기에 휩쓸리기 쉬운 아이의 경우에는 안 좋은 영향을 받을 확률이 높습니다. 이 경우 차라리 내신을 받기 어려운 학교에 가는 것이 좋습니다. 좋은 내신을 받기는 힘들겠지만, 분위기가 좋아 상대적으로 수능을 준비하는 것이 더 수월하기 때문입니다.

또한 이성 관계에 있어서 매우 예민한 성향인지 무딘 성향인지도 중요합니다. 남학생이든 여학생이든 이성에 관심을 두게 되면 외모 관리로 인한 시간 소비, 이성과의 불편한 관계로 인해 온전히 수업에 집중하지 못하는 모습 등 여러 가지 영향을 받을 수 있습니다. 이러한 이유로 인해 실제로 많은 학생과 부모님이 학교를 선택할 때 남녀공학 여부를 중요하게 보기도 합니다.

⑩ 기숙사 여부

기숙사가 있는 학교로 진학을 생각하고 있다면 크게 고려해야 할 요소가 두 가지 있습니다. 하나는 공동체 생활에 대한 적응, 또 하나는 학원 수강 여부입니다.

보통 기숙사는 2인 1실, 3인 1실 등으로 혼자 방을 썼던 아이에게는 다소 낯설 수 있습니다. 이 경우 단체 생활 프로그램에 보내 기숙사를 접하는 경험을 미리 해보도록 하는 것도 하나의 방법입니다.

또한 반드시 학원의 도움을 받아서 공부해야 하는 학생이라면 기숙사로 인해 학원 수강에 대한 제한이 많아 어려움을 느낄 수도 있습니다.

⑪ 고등학교 진학 후 나의 위치 파악

'과연 이 고등학교를 진학하면 우리 아이가 잘할 수 있을까?'
'우리 아이는 어느 정도 할 수 있을까?'

이는 무엇보다도 가장 중요한 고민 요소일 것입니다. 아이 본인에게 있어서 가장 중요한 것은 자신의 위치를 미리 예견할 수 있어야 한다는 것입니다. 이를 위해서 중학생 때부터 희망하는 고등학교에 대해서 많은 이야기를 나눌 수 있도록 해주세요. 부모님은 중학교 선생님을 통해서 희망하는 고등학교에 간 선배의 중학교 석차백분율 등을 확인하여, 그 선배가 희망 고등학교에서 어느 정도 위치에 있는지를 아이와 비교해보는 등의 정보를 주어야 합니다.

이렇게 고등학교를 선택하는 기준 몇 가지를 알아봤습니다. 앞에서 말씀드린 모든 요소를 다 고려하기는 어려울 것입니다. 다만 이러한 요소들을 가능한 한 많이 고려해야 한다는 점이 중요합니다. 자녀가 더 큰 물에서 자신의 역량을 잘 펼칠 수 있게 도와주는 조력자, 그것이 부모님의 가장 중요한 역할입니다.

과거에 매여 있는 아이들

"어차피 난 출발이 늦었어. 친구들을 내가 어떻게 따라잡아."
"난 아무리 해도 안 돼. 해도 안 되는 걸 뭐하러 계속 해."

혹시 우리 아이의 모습일까요. 상담을 하다 보면, 과거의 모습에 사로잡혀 자포자기하고 있는 아이를 종종 봅니다. 하지만 상급 학교로 올라가는 과정에서 예전의 모습이 어떠했는지는 중요하지 않습니다. 초등학교 성적이 중학교로 연계되는 것이 아니고, 또한 중학교 성적이 고등학교로 연계되는 것이 아닙니다. 과거에는 느렸다고 할지라도 학년이 달라지면 같은 출발선상에 다시 서는 셈입니다. 그러니 걱정으로 시간을 보내지 말고, 과거를 거울삼아 실수를 반복하지 않도록 미래에 대한 구체적인 계획을 세우는 것이 무엇보다 중요합니다.

정말 이루고 싶은 목표가 있다면, 그 목표를 위해 장기, 중기, 단기 계획을 하나씩 세워보게 하세요. 이번 시험에서는 여기까지, 다음 학기에서는 여기까지. 이렇게 차근차근 과정을 통해 목표에 도달할 수 있게 해주세요. 목표를 세울 때는 너무 장황하게 세우지 말고, 자신이 도달할 수 있는 현실적인 목표를 세우는 것이 중요합니다. 강을 건널 때 징검다리를 하나씩 건너 목적지에 도달하듯 말이지요.

때로 다음 학기의 목표를 물어볼 때 "그냥 학원에서 하라는 대로 하려고요"라고 답하는 부모님이 많습니다. 하지만 이런 경우, 학생에게 물으면 대개 지금의 진도도 너무 어렵다고 말합니다. 지금의 것도 완전히 소화하지 못한 상태인데 또 음식물을 입에 넣어주려는 것은 아무런 의미가 없습니다. 다시 자포자기하게 되는 원인이 될 수도 있습니다. 목표를 세울 때는 아이가 하나씩 소화해나갈 수 있게 현실적인 계획을 세워주셔야 합니다.

3장

성공적인
입시를 위해
미리 준비하라

학교생활기록부는
잘 관리해야 할 중요한 증명서

학교생활기록부의 중요성

어릴 적, 개근상을 받기 위해 감기로 몸이 뜨거워도 학교에 가야 한다고 고집을 부렸던 때가 있으신지요. 성적은 몰라도 개근의 중요성은 대다수 아이들이 알고 있었을 것입니다. 출결을 포함하여 나의 학교생활이 기록되는 서류가 바로 학교생활기록부입니다.

학교생활기록부란 기본 인적사항과 성적, 출결상황, 행동특성 등 우리나라 초중고 학생의 학교생활에 대한 기록물입니다. 교과와 비교과 영역에 대한 자세한 평가가 기록되며 보통 해당 학생이 소속된 학급의 담임 교사가 작성하게 됩니다. 이를 줄여서 '학생부', '생기부'라고도 부릅니다.

학교생활기록부는 단기적으로는 고입, 장기적으로는 대입에서 합격과 불합격을 가르기도 하는 중요한 서류입니다. 크게 두 가지 의미에서 매우 중요합니다.

① 신뢰도가 높은 장기간의 서류

학교생활기록부는 중학교 3년-고등학교 3년 총 6년 동안 각각 누적되는 누적기록물입니다(초등학교에도 있으나 상대적으로 중요하진 않습니다). 1년으로 끝나는 것이 아니라 3년간의 학교생활이 모두 담긴 기록물입니다. 3년 동안 각 학생의 모습이 매우 잘 나타나 있는 신뢰도 높은 평가서류라는 것입니다.

② 학생의 다양한 면이 담긴 공동 기록물

학교생활기록부는 담임선생님뿐만이 아닌 많은 선생님이 공동으로 기록해주는 공동 기록물입니다. 학생의 모습을 최대한 다양한 각도에서 평가하고 기록할 수 있다는 점에서 매우 중요한 서류입니다.

대부분의 부모님은 아이의 학교생활기록부에 대해 많은 부분을 궁금해하시고 염려하실 것입니다. 출석부터 다양한 교내활동, 독서 등 학교생활기록부에 기록될 만한 활동들이라면 당연히 신경이 쓰입니다. 고입, 대입에서 중요하게 적용되는 만큼 관리해야 하는 항목들을 파악하고 오해했던 사항들을 바로잡으셨으면 하는 바람으로, 학교생활기록부의 항목별로 구체적으로 말씀드리겠습니다.

학교생활기록부의 주요 기재 항목과 내용은 다음과 같습니다.

〈학교생활기록부의 주요 기재 항목과 내용〉

연번	기재 항목	기재 내용
1	학적, 인적사항	학생 기본정보, 학적사항, 특기사항(학적 변동)
2	출결 상황	수업일수, 결석일수(결석, 지각, 조퇴), 특기사항(결석 사유, 개근 등)
3	수상 경력	수상명, 등급(위), 수상연월일, 수여기관, 참가대상(참가 인원)
4	창의적체험활동 상황	영역(자율활동, 동아리활동, 진로활동), 시간, 특기사항, 봉사활동실적
5	교과학습발달 상황	교과목, 원점수, 과목평균, 성취도, 수강자 수, 세부능력 및 특기사항
6	자유학기활동 상황(중1)	영역(진로탐색활동, 주제선택활동, 예술체육활동, 동아리활동) 시간, 특기사항
7	독서활동 상황	책 제목, 저자(과목별 영역, 공통 영역)
8	행동 특성 및 종합의견	학년별 행동 특성 및 종합의견

중학교와 고등학교 학교생활기록부는 큰 틀에서는 비슷합니다. 중학교의 경우 '자유학기 활동상황'이 있고, 고등학교의 경우 '자격증 및 인증 취득상황'이 있는 정도만 약간 다릅니다.

학교생활기록부 항목에도 비중이 있다

학교생활기록부는 작성하는 항목이 많습니다. 그러다 보니 문제가 명확하게 보이는 교과 성적보다도 학교생활기록부를 관리하는 법을 어려워하는 학생들이 많습니다. 예를 들어 동아리활동과 같은 내부 활동을 많이 할수록 좋다고 생각하는 경우가 많은데 저는 그것이 제일 중요한 것이 아니라고 대답합니다. 중요한 것은 양이 아니라 하나의 활동을 하더라도 본인이 주도한 역할이나 결과물입니다. 양에만 신경 쓴다면 각자의 역량을 찾아보기가 힘들고 오히려 시간 낭비만 되는 경우가 많습니다.

어떤 부분이 더 중요하고, 덜 중요한지를 알고 있어야 거기에 맞춰서 대비가 가능한 만큼, 각 항목별로 어떻게 기록되는 것이 중요한지, 각 항목에서 어떤 부분을 평가하는지를 살펴보겠습니다.

① 학적사항과 인적사항은 신경 쓸 만한 것이 없나요?

학적사항은 학생의 학년별로 반, 번호, 담임 교사 성함 등이 기록되는 항목입니다. 인적사항은 학생의 이름, 주소, 졸업한 학교, 입학한 학교 등이 기록되는 항목입니다. 특기사항에는 전학 등의 학적 변동사항이 기재되며, 특별히 학교폭력 처분과 관련한 내용 등만 없으면 걱정할 것은 없습니다.

혹시 아이가 학교에서 친구와 작은 다툼이 일어났다 해도 이를 대수롭지 않게 넘기지 말아야 합니다. 어떤 형태로든 학교폭력과 관련한 사안으로 기재되면 불이익이 있을 수 있기에, 사소하지만 학적·인적사항에 남지 않도록 각별히 신경 써야 합니다.

② 출결 상황은 '미인정'만 없으면 될까요?

앞서 개근상에 대한 이야기를 했듯이 출결에서는 '미인정' 기록이 특히 없어야 합니다. 미인정이란 단어 그대로 '인정이 안 된다'는 뜻입니다. 예전에는 '무단'이라는 단어로 표현하기도 했었습니다.

출결 상황은 가급적 깨끗할수록 좋습니다. 질병 결석, 지각, 조퇴도 가능한 한 없으면 더 좋습니다. 길게 보면 사회생활도 똑같습니다. 어떤 직원이 자주 아파 병가를 자주 내거나, 지각이나 조퇴가 잦다면 회사 대표가 보았을 때는 불성실하다고 생각하여 온전히 일을 맡기기가 어려울 수도 있습니다.

물론 어린 학생들에게 건강상의 이유 등은 어떻게 할 수 없는 부분이기도 합니다. 하지만 결국 평소 건강관리도 본인의 몫이라고 생각하도록 이야기해주어야 합니다. 실제로 하나고, 민사고 등의 학교에는 체력 테스트가 학생 평가 기준에 있습니다. 기초 체력이 되어야 지식과 역량을 쌓는 데 문제가 없다는 취지인 셈이지요.

아이가 많이 아픈데 등교하도록 강요해야 한다는 것이 아닙니다. 다만 조금만 아프다고 지각이나 결석을 하려는 태도를 보인다면 마음가짐을 고치도록 지도해주시기 바랍니다. 성실한 습관과 함께 기초 체력을 기를 수 있도록 해주시기 바랍니다.

③ 수상경력은 입시에서 반영이 안 되나요?

의외로 수상경력은 고입, 대입 모두에서 반영되지 않는 항목입니다. 학교생활기록부에 기록은 되지만 실제 입시에서는 영재학교 등을 제외하고는 블라인드되는 항목입니다.

그러나 수상경력을 쌓을 기회가 있다면 경력을 쌓도록 독려하시기를 권합니다. 일단 경시대회 같은 대회에 참여하는 것 자체로 우물 안 개구리식의 공부에서 벗어날 수 있습니다. 또한 경시대회 수상을 통해 여러 선생님께 자신의 실력을 알리게 되면 선생님들이 학교생활기록부의 내용을 더 구체적으로 작성해줄 수 있습니다.

학교생활기록부는 선생님들이 작성하시는지라 아이가 학교생활에 열의를 보인다면 더욱 잘 작성해주고 싶은 마음이 커지기 마련입니다. 수상경력은 입시 이력서에 한 줄을 추가하는 용도라기보다는 본인의 실력을 다양하게 보여주기 위한 부가 지표로 활용하는 차원으로서 의미가 있습니다.

④ 창의적체험활동 상황, 내용만 많으면 될까요?

창의적체험활동 상황은 자율활동, 동아리활동, 진로활동으로 나눌 수 있습니다. 각 활동별로 구체적으로 살펴보면 다음과 같습니다.

❶ 자율활동

자율활동은 아이들이 자율적으로 한 활동을 의미합니다. 대체로 학교 공식 행사나 학생회 활동, 학급 임원 활동 등이 기록됩니다. 그럼 리더(전교회장, 학급회장, 부회장 등)의 모습이 필수로 있어야 좋게 평가되는 것일까요? 꼭 그렇지는 않습니다.

리더를 한 경력보다는 리더십을 발휘한 사례 등을 더 좋게 평가하기도 합니다. 자기소개서에서도 대부분 그러한 사례들을 쓰게 되어 있는데, 구체적 사례를 통해서 학생의 리더로서의 자질을 확인하고 싶어 하기 때문입니다.

물론 그래도 임원 활동 등을 안 하는 것보다는 하는 것이 낫겠지요. 리더를 하게 되면 학교생활을 조금 더 적극적으로 한 모습을 보여줄 수도 있고, 실제로 리더로서의 자질을 보여줄 만한 사례들이 많아지기 때문입니다.

❷ 동아리활동

동아리활동은 아이가 선택한 동아리활동에 대한 내용, 시간 등이 기록됩니다. 역시 동아리부장을 했다는 등의 사실보다는 동아리에서 아이가 주도적으로 한 역할(1년 동아리 계획 세우기, 실험 주도, 멘

토링 등)을 중요하게 봅니다.

더불어 동아리는 자신이 좋아하는 취미 동아리에 가입하여 학업적인 스트레스를 푸는 것도 좋지만, 모든 활동을 취미 중심으로만 채우는 것은 그리 좋지만은 않습니다. 아이와 논의하여 학업적인 역량을 평가할 수 있는 학습 관련 동아리를 우선적으로 챙길 수 있게 해주세요.

❸ 진로활동

진로활동은 진로에 맞춰서 활동한 내용들이 기록됩니다. 진로라고 하니, 3년 내내 변하지 않아야 하고 꾸준해야 할까요? 그렇지 않습니다. 진로는 하루가 멀다 하고 바뀔 수 있습니다. 하나의 진로를 꾸준히 파야 할 필요는 없으며, 아이가 진로에 대해 아직 고민하고 있다면 다양한 진로 체험 활동을 하도록 하는 것이 좋습니다.

기본적으로 아이들은 다양한 진로활동을 하면서 자연스레 진로가 바뀝니다. 입시 담당자들이 학교생활기록부를 볼 때, 진로활동이 다양하게 바뀌는 부분들에 대해서는 자연스러운 부분이라고 생각하기에, 불이익을 주지 않습니다. 다양한 체험이나 독서 등을 통해 자신의 진로에 대한 고민과 관심이 많았다는 사실을 보여주는 것만으로도 충분합니다.

⑤ 교과학습발달 상황에서는 교과성적만 신경 쓰면 될까요?

아이가 학교생활을 하면서 가장 중점으로 두어야 하는 항목이 학업 역량임에는 부정할 여지가 없습니다. 이 학업 역량이 기록되는 부분이 교과학습발달 상황입니다.

교과학습발달 상황은 크게 교과성적, 세부능력 및 특기사항으로
구분됩니다.

> **1. 교과성적 : 과목별 과목명, 원점수, 평균, 성취도, 수강자 수 등**
> **2. 세부능력 및 특기사항 : 과목별, 개인별 세부능력 및 특기사항에 대한 서술**

교과성적에서의 성취도는 A부터 E까지의 5단계로 구분됩니다. 원
점수가 90점 이상이면 모두 A로 기록되는 식입니다. 중학교의 경우
내신은 절대평가로 산출되기에, 다른 학생들과 비교할 필요 없이 내
가 몇 점 이상만 받으면 좋은 성취도를 얻을 수 있습니다. 다만 같은
A라도 90점과 100점은 담당 선생님들의 인식이 다르기 때문에 세부
능력 및 특기사항 기록이 달라질 수 있습니다. 따라서 되도록 높은
점수를 받는 것이 좋습니다.

교과성적에 가려져 있지만 매우 중요한 항목은 세부능력 및 특기
사항(세특)입니다. 이 항목은 과목별 담당 선생님이 학생의 수업 참
여와 태도, 학습과제, 학업 역량 등의 전반적인 사항에 대해 종합적
으로 평가하여 기록하는 항목입니다. 요즘에는 학생들이 전공과 관
련된 내용만으로 채우려고 하는데, 세부능력 및 특기사항은 그 교과
에서 우수한 역량을 평가하기 위한 항목이니 지나치게 전공 관련 내

용으로만 채우는 것은 좋지 않습니다.

아래는 제가 지도했던 한 고등학생을 관찰해 작성한 세부능력 및 특기사항 내용입니다. 어떤 부분에서 차별화가 되는지 찾아보시기 바랍니다.

〈과학 세부능력 및 특기사항 예시〉

실험에 필요한 기구들의 사용 방법을 정확히 익히고 있으며, 조 내에서 실험을 이끌어가는 조장을 주로 맡아 좋은 결과를 내기 위한 ① 책임감 있는 모습을 보임. 제출한 보고서들은 실험에 대한 날카로운 분석과 향후 실험에 관한 의미 있는 고찰이 인상 깊었음. 또한, ② tert-뷰탄올에 중크롬산칼륨+황산용액을 떨어뜨리면, 윗부분은 주황색으로 변하여 정상적인 실험결과를 보여주었지만, 아랫부분은 청록색을 띤다는 것을 발견하여, 이 현상에 대해 추가 실험을 계획하였음. ③ tert-뷰탄올보다 큰 밀도의 이물질이 섞여 있을 것으로 판단하고, 용액이 담긴 통에서 윗부분만 추출하여 같은 실험을 진행하여, 추측이 옳음을 확인할 수 있었음. 실험상의 오류로 쉽게 치부하고 넘어갈 수 있는 상황에서, 그 현상을 정확히 규명해내고, 정답을 얻어내려는 의지가 돋보였음. ④ 실력에 비하여 과학실험 교과의 만족할 만한 등급이 나오지 않은 이유는, 두 번에 걸쳐 진행된 수행평가 중에 1차 수행에서 두 페이지 중 뒤 페이지를 실수로 풀지 못하였음. 모두 푼 문제에 대해서는 깊은 이해를 보이며 완벽한 답안을 작성함. 화학 지식에 대한 탄탄함을 바탕으로 꼼꼼하고 차분하며, 계획성 있게 화학실험을 하는 모습이 ⑤ 매우 큰 귀감이 되며 더욱 기대를 갖게 만드는 학생임.

어떠신가요? 차별화되는 내용을 찾으셨나요? 학생의 어떠한 모습들이 담겨있는지 살펴보면 다음과 같습니다.

1) 책임감 있는 모습에서 학생의 인성적인 면을 평가할 수 있습니다.
2) 실험에서 구체적인 과정이 드러나, 학생이 어떤 실험을 했는지를 알 수 있습니다.
3) 실험 결과에 대한 오류를 찾아내는 모습에서 학업에 대한 의지를 볼 수 있습니다.
4) 합산 등급이 잘 나오지 않은 이유가 적혀 있는 내용을 통해, 학생의 실제 실력은 매우 우수하다는 것을 알 수 있습니다.
5) 마지막 선생님의 말을 통해, 교과에 대한 잠재 역량을 엿볼 수 있습니다.

세부능력 및 특기사항은 이렇게 학생이 학업을 해나가는 구체적인 과정, 학업 역량, 학업에 대한 의지 등 다양한 내용을 담을 수 있습니다. 다양하고 구체적인 내용이 기록되기 위해서는 선생님의 노력도 필요하지만, 무엇보다 아이가 교과목을 적극적으로 수강하는 것부터 출발해야 합니다. 이 점을 아이에게 강조해주셨으면 합니다.

⑥ 자유학기활동 상황은 어떤 모습이 중요할까요?

중학교 1학년 때는 학교 적응기를 두기 위한 차원으로 시험을 보지 않는 자유학년제, 자유학기제를 실시하는 학교가 많습니다. 시험이 없는 자유학기활동에는 다음의 활동들이 기록되니 이런 활동들을 아이가 어떻게 하면 되는지 살펴보겠습니다.

1) 진로탐색활동

진로를 탐색한 시간과 내용들이 기록됩니다. 외교관을 꿈꾸는 학생이라면 '외교관을 꿈꾸는 학생으로 평소 시사와 사회문제에 대한 관심도가 높고, 『외교관은 국가대표 멀티플레이어』와 같은 책을 읽으며 진로에 대한 열정을 높여가고 있음' 이런 식으로 기록되는 것이지요.

2) 주제선택활동

관심 있는 주제를 선택해서 책도 읽고 토론도 하는 등의 모습을 기록하는 활동입니다. 예를 들어 '현대 문화와 K문화, 시사 문제에 관심이 많고 이를 바탕으로 사회현상과 관련한 서적을 적극적으로 읽음. 독서 토론 과정에서는 사회현상의 원인과 과정, 결과를 논리적으로 분석하고 발표하며 다양한 식견이 발전해가는 모습이 돋보임'과 같은 식으로 관심 분야의 주제를 정해 활동한 모습과 특징이 기록됩니다.

3) 예술체육활동

예술체육 관련 활동이 기록됩니다. '오케스트라 반에서 바이올린 리더로서 실력이 약간 부족한 학생들에게 따로 시간을 내어 가르쳐주는 등 리더로서의 면모가 돋보임'과 같이 예술체육 활동을 기반으로 한 아이의 자질이 기록됩니다.

4) 동아리활동

아이의 취미 또는 진로와 관련된 활동을 기술하며 아이의 관심사를 보여주는 항목입니다. 아이의 진로, 진학과 관련하여 학업적인 역량을 좀 더 키우기 위한 동아리를 원한다면 수학, 과학, 영어 등 교과와 관련된 동아리를 선택해서 하는 활동을 권합니다.

⑦ 독서활동, 책 제목과 저자만 기록되는데 여전히 중요한가요?

독서는 학생의 관심 분야와 깊이를 확인할 수 있는 활동입니다. 대입에서는 반영되지 않는 항목이지만, 고입에서는 여전히 관심사와 역량을 확인하는 중요한 평가요소입니다. 예전에는 자신이 읽은 책의 제목과 저자, 느낀 점이 기록되었었는데 지금은 책 제목과 저자만 기록됩니다. 독서 활동을 어떻게 챙기면 되는지 구체적으로 살펴보도록 하겠습니다.

1) 독서활동 상황은 과목별 영역과 공통 영역으로 나뉜다

과목별 영역은 과목 선생님들이 기록해주는 영역이고 공통 영역은 담임선생님이 기록해주는 영역입니다. 가급적 독서는 과목별로 기록되는 것이 좋습니다. 평가하는 사람으로서는 과목별로 확연히 구분이 가능하기 때문입니다. 다만 과목별 영역에 기재가 되기 어려운 상황이라면 공통 영역에 기재돼도 큰 문제는 없습니다.

2) 어떤 종류의 책을 읽을까?

진로와 관련된 책만 읽도록 하시는 분들이 있는데 두루두루 소양을 쌓을 수 있게 다양한 독서를 추천합니다. 다양한 독서를 통해 균형 잡힌 소양을 쌓은 것을 보여주는 것이 중요합니다. 또한 필독서라고 해서 너무 난해하고 어려운 책들을 욕심내서 담으려 하면 되려 면접 등에서 발목을 잡는 질문으로 돌아올 수도 있습니다. 아이의 수준에 맞게 독서를 하도록 합니다.

3) 독서를 한 후에는 독서기록장을 작성하라

독서를 했는지의 여부를 학교 선생님들이 직접 확인할 수는 없습니다. 따라서 기록을 요청하고 싶다면 이럴 때 독서기록장이 근거이자 증명서가 됩니다. 독서기록장은 간단한 줄거리-느낀 점-이 책이 내게 미친 영향 순으로 간략히 기록합니다.

학교생활 및 입시와 관련된 면접에서는 아래의 질문이 많이 등장합니다.

"읽은 책 중에 가장 의미 있게 읽은 책을 선정하고 그 이유를 말해보세요."

이럴 때도 독서기록장을 유용하게 활용할 수 있습니다. 기억이 나지 않는 책은 독서기록장을 통해 복기할 수 있습니다. 학교생활기록부에 기재된 내용과 아이의 입에서 나오는 내용이 유사하다면 답변의 신뢰도는 배로 올라갈 것입니다.

⑧ 행동 특성 및 종합의견에는 어떤 내용이 기록되나요?

행동 특성 및 종합의견은 담임선생님이 기록해주는 항목으로 추천서의 성격을 띠는 항목입니다. 학생 전반에 대한 실력은 물론 인성적인 것까지 모두 기록될 수 있습니다.

이 항목은 담임선생님의 주관이 많이 담겨있습니다. 평가를 하다 보면 '아, 담임선생님이 이 학생을 많이 좋아하는구나'라는 생각이 들 정도의 내용도 있습니다. 심지어 가끔은 안 좋게 적는 경우도 있습니다.

"학급 반장으로서 리더십을 잘 발휘함. 그러나 복장에 대해 여러 번 지적했음에도 불구하고 잘 듣지 않고, 학교의 규칙을 잘 준수하지 않는 학생임."

학교생활기록부 앞의 내용이 좋다가도 마지막에 이러한 내용이 적혀 있으면 아무래도 평가할 때 좋지 않게 평가될 수밖에 없습니다. 각별히 신경 써야 하는 점입니다. 다음은 '행동 특성 및 종합의견'에 대한 실제 사례입니다.

〈행동 특성 및 종합의견 예시〉

전 교과 실력이 매우 뛰어남에도 겸손하고, 솔직하고, 원칙을 지키려고 노력하고, 소신 있게 행동하는 학생임. ① 요즘 학생들 같지 않게 본인이 있던 교실이 아니더라도 냉난방 기구나 불이 켜져 있으면 끄고 다니며, 자신의 일이 아니더라도 자신의 일처럼 여겨 진지하게 고민하고 대안을 생각하는 등 마음이 매우 따스한 학생임.

② 본교에 개설된 다양한 교내프로그램을 통해서 자신의 진로를 위해 노력하고 도전하는 정신이 매우 뛰어난 학생임. ③ 학문적 열정이 매우 강하여, 끝까지 해내고야 마는 집요함도 돋보임. 많은 선생님과 친구들로부터 최상위 실력을 인정받았음은 물론 리더십도 인정받음. ④ 조별수행평가가 있는 대부분의 과목에서 조장을 맡아서 그 역할을 훌륭히 수행해 교과 선생님들로부터 많은 찬사를 받음. 조별 모임을 소홀히 하는 학생을 설득하며 끝까지 포기하지 않고 조별 모임에 열심히 참여할 수 있도록 리더십을 발휘하며 조원들을 이끄는 능력이 매우 탁월함. ⑤ 3년 동안 한 번도 벌점을 받은 적이 없을 만큼 규칙 준수를 매우 잘하며, 잠재 역량의 끝이 보이지 않을 만큼 계속 발전해가는 모습이 매우 크게 귀감이 되는 학생임.

위와 같이 작성된 행동 특성 및 종합의견은 다음과 같은 학생의 모습을 그려줍니다.

1) 자신의 일이 아님에도 자신의 일처럼 여기는 모습에서 따뜻한 인성이 보입니다.
2) 교내 프로그램을 통해 진로를 위해 적극적으로 노력하는 모습을 볼 수 있습니다.
3) 학업에 대한 열정이 돋보이고, 실력 또한 매우 우수한 학생임을 확인할 수 있습니다.
4) 수행평가에서 많은 친구를 다독여가며 결과를 이끌어내는 리더십이 돋보입니다.
5) 구체적인 사례를 통해 규칙 준수를 잘하는 학생임이 드러납니다.

학교생활기록부는 역량을
가장 잘 평가할 수 있는 가장 중요한 서류

학교생활기록부는 입시 전반에서 중요한 서류 중 하나입니다. 선생님들이 공동으로 기록하는 '공동 기록물'이면서, 3년 동안 누적되는 '누적 기록물'이기 때문입니다. 몇 가지 사례를 통해서도 확인했지만, 학업 역량적인 부분, 인성적인 부분, 과목에 대한 잠재적인 역량 등 아이의 다양한 역량들을 확인할 수 있습니다.

대입에서 면접 없이 학교생활기록부 하나만 보고 합격과 불합격을 결정하는 경우가 많다고 했는데 그만큼 학교생활기록부가 대입에서 매우 중요하다는 것입니다.

경쟁력 있는 학교생활기록부를 만들기 위해서는 무엇보다 아이가 지금부터라도 열심히 노력해서 선생님들에게 적극적인 모습을 보여주어야 합니다. 지나간 과거에 연연하지 않고, 앞으로의 학교생활에서 차별화된 모습이 보인다면 그 자체로도 좋게 평가되는 것이 '학교생활기록부'이기 때문입니다. 하지만 아이가 학교생활기록부의 세부사항을 일일이 신경 쓰기에는 어려움이 있습니다. 부족한 면을 인지하고 선생님과 소통하며 보완할 수 있도록 해주는 것이 부모님의 역할입니다.

마지막으로 학교생활기록부 항목 중 입시에서 '미기재'와 '미반영'되는 항목들을 살펴보겠습니다. '미기재'는 학교생활기록부에 기재가 되면 안 되는 것을 의미합니다. 소논문, 외부 수상실적 등이 이에 해당됩니다. '미반영'은 기재는 되지만 입시에서 반영이 되지 않는 것을 말합니다. 학교생활기록부가 대학으로 이관될 때 항목이 삭제돼서 넘어간다는 의미입니다. 그만큼 입시에서 영향력이 거의 없어지게 되는 셈인 것이지요.

〈학교생활기록부 미기재 및 미반영 항목〉

항목		고입	대입
수상경력		미반영(일부 제외)	미반영
창의적 체험활동 상황	자율활동	학교활동, 특강 등	학교활동, 특강 등
	동아리활동	자율동아리 반영 청소년 단체활동 미기재 소논문기재 금지	자율동아리 미반영 청소년 단체활동 미기재 소논문기재 금지
	봉사활동	특기사항 미기재 개인 봉사활동 실적 미반영	특기사항 미기재 개인 봉사활동 실적 미반영
	진로활동	진로 희망분야 미반영	진로 희망분야 미반영
교과학습발달 상황		방과후학교 활동내용 미기재 영재/발명교육 실적 미반영	방과후학교 활동내용 미기재 영재/발명교육 실적 미반영
독서활동 상황		반영	미반영
행동 특성 및 종합의견		2학년까지 반영	2학년까지 반영

평생 써먹는 자기소개서 작성법, 어려서부터 길들여라

자기소개서는 평생 필요한 스킬

포털사이트에 자기소개서를 검색하면 시중에 많은 유료 자기소개서 작성 및 첨삭 제안이 있습니다. 요새는 생성형AI 기술을 통해 자기소개서를 작성하는 경우도 많아 다수의 기관 및 학교에서 이런 부분들을 걸러내기 위해 노력하고 있습니다. 이런 문제는 자기소개를 글로 일목요연하게 작성해보는 연습을 해본 적이 많지 않기 때문에 일어난다고 생각합니다.

저는 아이가 아직 어리다고 하더라도 틈틈이 자기소개서를 써보는 연습을 하기를 추천합니다. 자기소개서는 말 그대로 자신을 소개하는 서류입니다. 서류에 짧게 기록되어 있는 나의 모습을 좀 더 구체적인 과정과 사례 등으로 진솔하게 표현할 수 있는 무기입니다. 자기소개서는 학교생활뿐 아니라 이후의 사회생활에서도 매우 중요한 영역입니다. 또한 아이는 직접 쓴 자기소개서의 내용을 보며 과거의 내 모습을 정리하고, 앞으로의 계획을 세울 수도 있습니다. 처음부터 어렵게 다가가지 말고 아이의 학교생활을 소개한다는 느낌으로 가볍게 써나가도록 연습시켜보시길 바랍니다.

보통 아이들이 공적인 문서로서의 자기소개서를 만나는 때는 고등학교 입학을 준비할 때입니다. 다음은 자기소개서를 어떤 식으로 작성해야 하는지를 입시적인 면에서 설명드리겠습니다. 아래는 자기소개서를 제출해야 하는 대부분의 고등학교에서 요구하는 내용입니다.

▣ 나의 꿈과 끼, 인성(띄어쓰기 제외 1,500자 이내)

① 본인이 스스로 학습계획을 세우고 학습해온 과정과 그 과정에서 느낀 점
② 본교의 건학이념과 연계해 고등학교에 관심을 갖게 된 동기
③ 고등학교 입학 후 자기주도적으로 본인의 꿈과 끼를 살리기 위한 활동계획 및 고등학교 졸업 후 진로계획
④ 본인의 인성(배려, 나눔, 협력, 타인 존중, 규칙준수 등)을 나타낼 수 있는 개인적 경험 및 이를 통해 배우고 느낀 점

※ 항목별 분량 지정은 없으나, 위의 항목이 모두 포함되도록 서술해야 함.

자기소개서는 크게 두 가지, 자기주도학습 영역(①-학습, ②-지원동기, ③-차후의 활동 계획)과 인성 영역(④)으로 구분할 수 있습니다.

자기소개서의 주요 항목

①번 학습, 학습 관련 내용은 학업 역량을 보여줘야 한다

학습 질문은 학업적인 역량을 확인하고 싶어 하는 가장 중요한 항목입니다. 아이들이 흔히 적는 내용과 더불어 어떻게 써야 하는지를 구체적으로 살펴보도록 하겠습니다.

첫째, 질문의 핵심을 잘 파악해야 합니다. '본인 스스로 학습 계획을 세우고'라는 말을 보고, '저는 한 번도 사교육의 도움을 받지 않고…'라는 내용을 많이 씁니다. 여기서 '본인 스스로'는 사교육의 도움을 받고 안 받고의 문제가 아닙니다. 공부하는 과목에 대해 호기심이 생겨서 주도적으로 어떠한 학습 계획을 세웠는지를 묻는 항목입니다. 계획을 세우는 데 선생님이나 다른 사람들의 도움을 받아도 크게 상관없습니다.

둘째, '학습 계획'은 단순히 플래너를 작성하듯이 학습 플랜을 적으라는 것이 아닙니다. 궁금했던 개념이나 이론을 풀어내기 위한 학습 계획을 의미하는 것입니다. 예를 들어, 과학탐구 보고서를 작성할 때 '탐구 가설'을 세우는 것처럼 '어떠한 부분에서 호기심이 생겨 어떠한 탐구 계획을 세웠습니다'라는 형식으로 작성해야 합니다.

셋째, 학습을 통해 느낀 점까지 귀결되게 작성해야 합니다. 느낀 점을 쓰는 이유는 '어떠한 과정에 의해 결국 어떠한 결론을 도출할 수 있었고, 그 과정에서 어떠한 부분을 느낄 수 있었다'라는 구체적인 과정과 이를 통해 성장한 점을 보기 위함입니다. 그러니 학습 과정을 구체적으로 드러낼 필요가 있습니다.

학습 과정에서 책을 참고했으면 책의 이름을 적고, 신문 같은 매체를 활용했다면 구체적인 신문과 기사 제목을 적습니다. 즉 학습에 대한 항목은 다음과 같은 구성으로 작성해야 합니다.

호기심 → 탐구 계획 → 탐구 과정 → 결론 도출(결과물) → 깨달은 점

②번 지원 동기, 지원하고자 하는 곳에 지원하는 이유다

지원 동기는 단어 그대로 지원자가 왜 우리 학교에 지원하는지를 알고 싶어 하는 부분입니다. 다음의 사례는 이 항목에 아이들이 작성하는 내용 중 안 좋은 평가를 받는 사례들입니다.

1. 대입 실적이 좋아서
2. 최고의 교사진과 학생이 모여있어서
3. 시설이 좋아서
4. 거리가 가까워서
5. 급식이 맛있어 보여서
6. 교복이 예뻐 보여서
7. 부모님이 지원해보자고 해서 등

제가 받아본 실제 사례들입니다. 어떠신가요, 뽑아줘야겠다는 생각이 드시나요? 너무 식상한 내용들, 심지어는 부정적인 인상을 주는 답이라고 생각하실 것입니다.

지원 동기에는 지원하려고 하는 학교만이 가지고 있는 특장점을 드러내야 합니다. 예를 들어 '○○학교는 제가 듣고 싶은 수업을 들을 수 있는 선택형 교육과정이 너무 마음에 들어 지원하게 되었습니다', '○○학교는 본인이 연구하고 싶은 주제를 택해서 논문을 작성하여 많은 학생들과 공유할 수 있어 지원하게 되었습니다'라는 형식인 것입니다.

③번 차후의 활동 계획, 구체성을 띠는 것이 좋다

활동 계획 항목은 입학하면 어떠한 활동을 할 것인지를 묻는 항목입니다. 일단 '입학하게 된다면'과 같은 가정형 표현보다는 '입학하여'와 같은 확신형 표현을 사용하길 바랍니다. 또한 활동 계획은 작성하기 전에 지원하는 학교의 홈페이지 등을 통해 교육과정을 미리 찾아보고 이해하는 것이 도움이 됩니다.

> - 생명동아리에 가입하여(X) → 생명과학동아리인 ○○○○○에 가입하여
> - 심화 과목을 수강하여(X) → 심화 과목 중 특히 ㅁㅁㅁ학교에서 들을 수 있는 ○○○○○와 ○○○○를 수강하여
> *활동 계획과 관련된 구체적인 활동이나 동아리명을 작성한다.

고등학교 졸업 후 진로계획을 쓰는 경우에도 지원하는 학교의 특성과 부합되는 내용을 작성해야 합니다.

〈잘못 쓴 사례〉

1. 수시 위주의 고등학교에 지원하는 경우, '정시로 서울대에 입학하여'라는 표현은 안 맞을 수 있습니다.
2. 유학을 가기 어려운 유형의 학교라면 '졸업 후 해외로 유학을 간다'라는 표현은 좋은 평가를 받기 어려울 수 있습니다.
3. '대통령이 될 것이다'라는 표현은 학생과 정반대의 정치색을 가진 평가자를 만날 경우 은연중에 부정적인 인식을 심어줄 수 있습니다. 혹은 면접에서 당황스러운 질문을 받을 수 있습니다.

④번 인성, 다양한 사례를 통해 지원자의 인성적인 면을 평가하는 영역

인성은 소재가 딱히 정해져 있는 것은 아닙니다. 일반적으로 '나눔, 배려, 협력, 갈등 관리, 규칙 준수, 리더십' 등에 대한 내용을 기술합니다. 인성 항목은 추상적이거나 식상한 소재를 작성하면 차별화가 되지 않습니다. 또한 다른 학생보다 내가 인성이 더 좋다는 식으로 상대를 깎아내리는 내용은 별로 좋지 않습니다. 아이들이 직접 작성한 다음의 세 가지 예시를 보겠습니다.

① "동아리 활동에서 의견 충돌이 있었는데, 제가 조율을 해서 잘 해결할 수 있었습니다."

② "축구하다가 친구들끼리 다툼이 생겼는데, 제가 중재해서 친구들 사이가 더욱 돈독해졌습니다."

③ "저는 리더십이 뛰어납니다. 선생님들이 리더십이 뛰어나다고 인정해주시기 때문입니다."

세 가지 모두 어떤가요? ①번과 ②번은 소재 자체가 너무 식상합니다. ③번은 리더십에 대한 근거가 전혀 없고 추상적입니다. ③번을 실제 사례를 활용해 좀 더 구체적인 내용으로 바꾸면 다음과 같습니다.

"저는 학급회장이 되어 학습 분위기를 위해, 친구들을 설득해 과목마다 팀장을 만들었습니다. 각 과목의 팀장은 과목 선생님들의 질문에 적극적으로 답하는 역할을 맡아 열심히 답하였습니다. 그러면서 다른 친구들도 분위기에 맞춰 적극적으로 답하며 수업 분위기가 좋아졌습니다. 학급 평균도 많이 올라가며 선생님들께서 리더십이 뛰어나다고 많은 칭찬을 해주셨습니다."

어떤가요? 사례가 좀 더 차별화되고, 구체적으로 바뀌었습니다. 자기소개서는 평가자가 읽었을 때 식상하지 않아야 하며 재미있는 소재여야 함을 기억하시기 바랍니다.

자기소개서 작성 5단계 정리

　이렇게 자기소개서의 주요 항목을 알아보았습니다. 자기소개서는 연령에 상관없이 작성하게 되면 이미 했던 활동을 정리해볼 수 있다는 점과 부족한 점을 발견하여 앞으로의 계획을 세울 수 있다는 장점이 있습니다. 아이가 당장 자기소개서가 필요하지는 않으니, 부담 없이 자신에 대해 표현하는 글을 쓰며 이야기할 수 있도록 재미있는 글쓰기 형태로 지도해주세요. 그러다가 중학생이 되면 입시에 맞는 자기소개서를 써보게 하면 됩니다.

　부모님은 아이가 쓴 글을 가장 먼저 살펴보는 평가위원입니다. 아이가 쓴다고 하더라도 부모님이 꼼꼼하게 검토하여 잘못된 내용을 잡아주세요. 마지막으로 구체적인 자기소개서 작성 5단계를 설명합니다. 자기소개서를 잘 작성하는 요지로 생각하시길 바랍니다.

▣ 자기소개서 작성 방법

[1단계] 질문의 핵심 요지를 파악한다
•항목에서 묻는 내용을 제대로 읽고 항목별로 무슨 내용을 요구하는지 정확하게 이해 •어떤 요소를 중점적으로 써야 할지 질문의 핵심 요지를 가장 먼저 확인
[2단계] 항목에 적합한 다양한 활동 소재를 찾는다
•항목별로 학교생활 3년 동안 활동한 경험을 생각해봄 •별다른 경험이 기억나지 않는다면 학교생활기록부를 열람하거나 포트폴리오, 플래너 등을 이용하여 소재를 찾음
[3단계] 가장 의미 있는 활동 소재를 선별한다
•나열된 소재 가운데 자기소개서에 활용할 소재를 선별 •단편적인 결과만을 보여주는 소재보다 남들이 경험하지 못한 차별화된 소재 •어려움을 이겨낸 소재나, 생각을 바꾼 계기가 되었거나 깊은 감명을 받은 활동, 큰 성과나 성취를 얻은 활동 등의 소재 선별
[4단계] 일정한 원칙으로 자유롭게 작성한다
•동기(Why)-행위(How)-결과에 따라 작성. 글자 수 맞출 필요 없음
[5단계] 글자 수에 맞춰 빠진 내용이 없는지 최종 점검한다
•작성 내용을 여러 번 정독하며, 불필요한 내용을 가지치기하듯 글자 수에 맞춰 정리하는 단계

면접에서 떨지 않는 아이로 만드는 방법

면접의 중요성

자기소개서는 지원자가 직접 쓴 글이라면, 면접은 지원자의 모든 서류를 검증하기 위한 요소입니다. 면접은 생각을 정리해서 말로 표현하는 역량입니다. 생각을 체계화, 구조화시켜 논리적으로 표현하는 능력을 갖추면 면접 외에 발표나 토론을 하는 데 있어서도 상당히 큰 도움이 됩니다.

입시적으로 봐도 면접의 영향력이 큰 경우가 종종 있습니다. 면접은 지원자의 학업적 역량과 사고, 가치관 등을 파악할 수 있는 중요한 요소입니다. 고입의 경우 대부분의 학교에서 1단계 내신, 2단계 면접으로, 대입의 경우 보통 1단계 서류, 2단계 면접으로 학생을 선발합니다.

자기소개서와 마찬가지로 면접은 사회생활에서도 상당히 중요한 요소입니다. 모든 기업에서 면접에 의해 최종 합격 여부가 결정되기에, 어려서부터 발표력을 키우는 것이 필요합니다. 여러 방법을 통해 집에서 재미있게 모의면접을 진행해도 좋습니다.

다음은 아이가 가장 먼저 마주하게 될 면접인 고입 면접을 기준으로, 면접 전에 신경 써서 연습해야 할 부분에 대한 10계명을 정리한 것입니다. 아이가 막상 면접을 보는 시기가 되면 면접 준비를 어떻게 해야 할지 당황스러울 수 있습니다. 이때 부모님께서 직접 면접관이 되어 아이와 많은 예행연습을 하면 큰 도움이 됩니다. 면접 10계명을 기억하여 면접관 앞에서도 기죽지 않고 똑부러지는 아이로 만들어주시기 바랍니다.

입시 면접 10계명

① 지원하고자 하는 학교의 교육목표, 인재상 등을 파악해야 한다

면접관은 지원자가 지원 학교에 대한 이해를 잘하고 지원했는지를 알고 싶어 합니다. 면접 초기에 꼭 물어보는 질문입니다. 각 학교마다

의 교육목표와 철학, 인재상 등을 홈페이지나 설명회를 통해 알 수 있으니 이를 잘 확인하여 나와 어떤 점이 잘 맞는지 정리해야 합니다.

② 학교의 커리큘럼 등을 완벽하게 이해하고 있어야 한다

커리큘럼에서 가장 대표적인 것이 교육과정(과목)입니다. 이외에도 교내프로그램, 동아리 등이 포함됩니다. 면접을 통해 면접관은 지원자가 입학한 후에 어떠한 커리큘럼을 통해 원하는 꿈을 이룰 것인지에 대해 확인합니다. 두루뭉술한 추상적인 답변이 아니라, 정확한 비전과 구체적인 계획 등이 담긴 답을 해야 합니다.

③ 예의 바른 자세와 복장

보통 면접관은 지원자가 면접장으로 들어올 때부터 복장은 어떤지, 걸음걸이는 예의를 갖췄는지 등을 빠르게 스캔합니다. 잘못된 첫인상은 선입견을 줄 수도 있고, 좋은 첫인상은 좋은 이미지를 지속적으로 유지하게 도와줄 수도 있습니다. 제가 하나고에 있을 때, 실제 어떤 남학생이 머리에 스크래치를 하고 나타난 적이 있었습니다. 당연히 저는 좋지 않은 선입견을 갖게 되었고, 그 학생 역시 면접 내내 긴장했던 모습이 기억에 남습니다.

자세 역시 중요합니다. 의자와 등이 거의 수직이 되게끔 앉는 것이 예의 있어 보입니다. 등을 의자에 붙여 앉아도 조금 편해 보이기 때문에, 의자에서 등을 조금 떨어뜨려 앉는 것이 좋습니다. 이러한 자세나 복장은 평소에 교육을 통해 충분히 바로잡을 수 있습니다.

④ 자신을 간략하게 소개하는 자기소개

면접을 본격적으로 시작하기 전에 긴장을 풀어주는 차원으로 "자기소개 한 번 해보세요"라고 질문하는 경우가 종종 있습니다. 자신을 간략하게 소개하는 의미이지만 자신이 어디에서 태어났고 어떤 환경에서 자랐는지 등의 답변은 감점 요인이 될 수 있습니다. 연습되지 않은 아이들이 이런 식의 답변을 많이 하곤 합니다.

하나 조언하자면, 자신을 표현할 수 있는 특별한 단어나 어떤 사물로 빗대어 나타내는 것입니다. "저를 한 단어로 표현하면 ○○입니다. 그 이유는 저의 ○○○한 성격과 모습을 잘 보여주기 때문입니다"라는 형식인 것이지요.

⑤ 자신감 있는 목소리 톤

감독관 입장에서는 하루에 면접을 보는 학생들의 수가 상당합니다. 면접관도 사람인지라, 면접을 보다 보면 금방 지치게 됩니다. 그런 상황에서 자신 없는 목소리로 면접을 하게 되면 면접관이 잘 집중하지 않게 되기도 합니다.

이런 분위기 속에서 내 아이가 목소리를 크게, 매우 자신감 있게 말한다면 어떨까요? 자연히 '우리 학교에 들어오면 잘하겠는데?'라는 생각을 갖게 될 것입니다. 실제로 답변이 만족스럽진 않으나 자신감 있는 목소리 덕분에 좋은 점수를 준 적이 있다는 면접관의 경험도 많습니다.

⑥ 질문에 대한 답변 시 단답형은 No

면접관의 질문에 적극적으로 답변하는 모습을 통해서는 지원자의 의지를 볼 수 있습니다. 면접 내내 아주 간단한 단답형(네, 아니요)으로만 답변한다면 의지가 없다고 판단하거나 답답한 모습에 면접을 빨리 끝내고 싶은 마음이 들 수 있습니다. 질문에 대해 우선 하고 싶은 말을 두괄식으로 답변하고, 논리적으로 부연 설명을 하는 구성으로 말하는 연습이 필요합니다.

⑦ 답변은 너무 길지 않게

말을 하다 보면 자연스럽게 말이 길어질 때가 있지요. 면접에서도 처음의 긴장이 풀리면서 통제를 하지 못하고 지나치게 길게 답을 하는 아이들이 있습니다. 하지만 답변이 길어지다 보면 배가 산으로 가는 것처럼 본인이 무슨 이야기를 하고 있는지 모를 때가 있습니다.

'질문에 자신이 없어서 이런저런 말을 늘어놓는 건가'라는 인상을 줄 수도 있고, 지루할 수도 있습니다. 하나의 질문에 대한 답변 시간은 30~40초를 넘지 않도록 연습합니다.

⑧ 하나의 내용에 대해서 다각도로 질문하는 연습

어떤 내용에 대해서 하나의 관점에서만 질문하지 말고, 다양한 관점에서 질문하는 연습을 해야 어떤 질문이 와도 답변해낼 수가 있습니다. 면접은 하나의 질문에 대한 답변이 끝나면 또 그에 대한 꼬리 질문이 이어지는 압박 면접으로 진행되는 경우도 있습니다. 본인이 답변한 것에 대해서 또 질문하고, 또 답변하는 과정을 거치며 연습해야 시야가 넓어집니다. 자기소개서, 생활기록부를 바탕으로 최대한 많은 질문을 뽑아 어떻게 답변할지 미리 준비합니다.

⑨ 동영상을 촬영해가며 연습하라

적당한 거리에서 동영상을 촬영해가며 연습하면 효과적입니다. 여기서 적당한 거리라 하면 실제 면접관과 나의 거리인 약 1.5미터 내외를 의미합니다. 동영상을 보면서 시선 처리는 어떠했는지, 다리는 떨지 않았는지, 답변 구성은 괜찮았는지 등을 피드백하며 계속 연습하면 하루가 다르게 면접 역량이 키워집니다.

⑩ "마지막으로 하고 싶은 말 있나요?"

이 질문에 대한 답변은 꼭 준비합니다. 면접이 다 끝난 다음에 시간이 남으면 면접관이 "마지막으로 하고 싶은 말 없나요?"라고 물어보는 경우가 종종 있습니다. 이때 "저를 꼭 뽑아 주세요", "입학 후에 뵙겠습니다" 등의 식상한 답변은 도움 되지 않습니다.

이 질문은 "자신을 어필할 수 있는 마지막 기회를 줄게"라는 의미입니다. 면접이 화기애애하게 마무리되면, 면접 점수가 약간이라도 높아질 확률이 생깁니다. 제가 경험한 재미있는 사례는 다음과 같습니다.

- 명언을 인용해서 입학 의지를 보여준 A양
- 자신이 자작한 랩을 하며 뽑아달라고 어필한 B군
- "저는 잡초입니다. 꼭 뽑아주세요"라는 개그로 재치있게 답한 C군

면접은 제출한 서류를 기반으로 지원자의 역량을 평가하는 과정입니다. 머릿속의 생각을 구조화해서 논리적으로 정리해서 말로 표현하는 것이지요. 면접 연습을 하다 보면 생각 정리가 되고, 말하는 연습을 통해 말하기에 대한 자신감이 생기게 됩니다. 단기간의 연습보다는 평소에 꾸준히 부모님과 연습할 수 있도록 지원해주시기 바랍니다.

4장

초중등
주요 과목
학습 로드맵

초등 국어 학습 로드맵

모든 학습의 기본은 독해력

국어 공부에 있어서 대다수가 간과하는 사실이 있습니다. 수학, 영어, 과학, 사회 등등 우리가 배우는 모든 학습의 기본은 국어 과목에서 시작한다는 점입니다. 모국어이기에 중요성을 놓치기 쉽지만, 국어가 뒷받침되지 않는다는 것은 기둥이 튼실하지 못함을 의미합니다. 기둥이 튼튼하지 못하면 건물을 높게 쌓을 수 없기에 국어는 초등학생 때부터 많은 시간을 들여야 하는 과목입니다.

또한 국어 학습을 장기적으로 바라봐야 하는 이유가 있습니다. 국어 과목의 특성상 단기적으로 집중해서 학습 능력을 끌어올리기가 어렵기 때문입니다. 실제로 고1이 되어 첫 국어 모의고사를 치른 뒤

충격을 받는 학생들이 많습니다. 국어는 학습 태도가 심각하게 나쁘지만 않다면 초등학생 때부터 대부분은 '아주 잘함' 또는 '잘함'을 받아오기 마련입니다. 중학생 때부터 격차가 나긴 하지만 대부분의 가정에서는 이를 인지하지 못합니다. 결국 고등학생이 되어서야 자신의 객관적인 위치를 알게 되면 늦은 경우가 많습니다. 그래서 국어는 초등학생 때부터 좋은 학습 습관을 만드는 것이 중요합니다.

초등 국어는 크게 듣기, 말하기, 읽기, 쓰기, 문법, 문학 영역으로 나누어져 있습니다. 시기에 맞추어 집중해야 하는 부분은 다르지만 공통적으로 필요한 기본 능력은 바로 독해력과 문해력입니다. 모든 과목은 기본적으로 독해력을 기반으로 합니다.

독해력이란 讀(읽을 독), 解(풀 해), 力(힘 력), 즉 '글을 읽고 풀어 이해할 수 있는 힘'을 의미합니다. 독해력이 잘 갖춰진 아이는 글을 읽고 이해하는 능력이 우수하기 때문에, 어떤 과목이든 개념을 이해하고 문제를 푸는 능력이 독해력을 갖추지 못한 아이와 차이 있을 수밖에 없습니다. 이러한 독해력을 조금 더 넓은 의미로 표현하여, '글쓰기와 의사소통 등의 능력까지 포괄하는 힘'이 문해력입니다.

그렇다면 독해력과 문해력을 기르기 위해 어떻게 아이를 지도해야 할까요?

책을 읽는 즐거움으로
독해력과 문해력을 향상시킨다

가장 중요한 것은 바로 독서입니다. 독서는 하나의 작품을 읽음으로써 올바른 국어 학습 습관을 정립하는 데 기초가 될 뿐 아니라 독해력과 문해력을 기르는 효과적인 수단이기도 합니다. 어릴 때 그렇게 독서를 강조하는 것에는 이러한 중요한 이유가 있기 때문입니다.

하지만 독서가 쉽다면 독서 문제로 많은 부모님이 아이와 다툴 일도 없겠지요. 독서 습관이 형성되기 이전에 억지로 책을 읽게 한다거나, 아이가 좋아하지 않는 소재의 책을 강제로 읽게 한다거나 한다면 아이가 독서에 대해 즐거움을 느끼기가 어렵습니다.

읽기 활동은 꼭 책을 읽어야만 효과를 볼 수 있는 것은 아닙니다. 처음에는 아이가 읽고 싶은 내용과 형식에 맞춰서 최대한 다양하게 읽게 해주는 것이 중요합니다. 웹툰이든, 소설이든, 신문이든, 기사든 전부 괜찮습니다. 이 과정에서 아이의 관심사를 파악하고, 아이가 주도적으로 읽기 활동을 하고 생각을 자유롭게 표현하게 이끄는 것이 부모님의 역할입니다.

하나 추천하는 간단한 방법은 매주 한 번씩 집 주변의 도서관에 함께 방문하여 아이가 좋아하는 책을 고르게 하고 스스로 읽을 수 있는 환경을 만들어주는 것입니다. 부모님이 혼자 가서 선택한 책을 쥐어주는 것은 의미가 없습니다. 그보다는 아이가 스스로 선택하도록 하는 자세를 심어줘야 합니다. 독서를 시작할 때도 옆에서 함께 독서하는 모습을 보여준다면 더할 나위 없이 긍정적인 영향을 미칠 수 있습니다.

중고등학생 때는 자의든 타의든 독해력을 쌓을 기회가 부족해집니다. 그러니 초등학생 때 독서에 대한 흥미를 잃지 않도록, 꼭 아이의 취향을 파악하고 존중해주는 것이 필수적입니다. 아이가 생각을 표현할 때도 칭찬·격려와 함께 긍정적인 피드백을 준다면 좋은 학습 효과를 기대할 수 있을 것입니다. 요즘 제대로 된 엄마표 학습이 학원이나 학습지보다 긍정적인 효과를 보여주는 것도 바로 이러한 이유에서입니다.

독서와 함께 표현력을 길러야 한다

독서를 하며 같이 길러야 할 필수 능력이 바로 표현력입니다. 특히 초등학생 아이들이 어려워하는 부분이 책을 읽고 자기 생각을 글로 쓰거나 말로 설명하는 독후 활동입니다. 독후 활동은 아이가 자신의 생각을 정리해볼 수 있는 시간으로, 생각을 확장시키고 창의성을 키울 수 있는 유익한 과정입니다. 평상시에 독서 이후에 부모님과 독후활동을 하며 쓰기와 말하기 훈련을 한다면 자연스럽게 독해력과 문해력이 따라올 것입니다.

① 독서노트 작성해보기

그중 하나로 독서노트를 작성하게 해보는 것을 추천합니다. 독서 내용의 주제를 요약해서 쓰거나 책을 선택한 동기, 주인공의 마음, 내가 만약 주인공이었다면 어떤 선택을 했을지, 책을 읽고 느낀 점 등 글 내용에 따라 생각을 다양하게 표현하게 해보는 독후노트 작성은 아이의 사고력 향상에 도움을 줄 수 있습니다.

만약 글을 쓴다는 것 자체가 많이 어렵다면 쓰기를 말하기 쪽으로 대체해보는 것을 추천드립니다. 어른인 우리도 글을 쓰는 것이 어렵지 않나요? 하물며 아이는 더 힘든 일로 느낄 수 있습니다. 이럴 때 무작정 쓰게 하는 것은 좋지 않습니다. 독후 활동은 무겁게 진행하는 것이 아닙니다. 아이의 흥미 위주로 가볍게 하며 긍정적인 피드백을 주는 쪽으로 진행되어야 합니다.

부모님이 아이와 함께 독서를 하고 독서 내용을 토대로 대화하는 시간을 규칙적으로 가져주세요. 책의 내용에 대해 서로 대화를 나누고 토론을 하는 과정에서 표현력과 비판적 사고를 키울 수 있기 때문에 매우 효과적인 국어 학습이 됩니다.

② 다양한 방법으로 독서해보기

저학년의 경우에는 다양한 방법으로 독서를 하면서 표현력을 기를 수도 있습니다. 등장인물을 역할별로 나눠 부모님과 함께 읽어보거나 한 문장씩 번갈아 읽어보는 방법도 말하기 연습에 도움이 됩니다. 아이가 원한다면 생각을 그림으로 표현하게 하거나 주인공에게 편지를 써본다던가 하는 독후 활동으로 유도해보는 것도 좋습니다.

독서를 열린 형태로 같이 읽어나가는 것도 표현력을 기르는 데 효과적입니다. 괴테의 어머니는 밤마다 일곱 살인 괴테와 함께 책을 읽고 이야기를 나누었다고 합니다. 이때 정해진 서사대로가 아닌 아들이 원하는 방향대로 이야기를 펼쳐나가면서 왜 그렇게 이야기를 전개해나가는지 묻고 대화를 했다고 합니다. 이런 과정을 통해 괴테의 어머니는 아들을 이해하고 바람직한 세계에 대한 시야를 열어주게 된 것이지요.

이렇게 초등학생 때의 독서 노하우를 알아보았습니다. 가장 중요한 것은 독서에 흥미를 잃지 않도록 하는 것, 새로운 세계를 창조하는 것에 대한 즐거움을 느끼게 하는 것입니다. 부모님 혼자 일방적으로 앞서 나가는 독서는 부작용만 낳을 수 있습니다. 독서를 아이와 함께 소통하는 시간으로 만들어주는 것이 좋습니다.

문법과 어휘력 문제,
내 아이의 미래가 달라질 수 있다

최근 한국교원단체총연합회가 교사를 대상으로 조사한 결과, 아이들의 언어 능력이 과거보다 떨어졌다는 응답이 92%에 달했다고 합니다. 아이들의 문해력 문제는 이제 사회적인 문제가 되었습니다. 시발점(첫 출발을 하는 지점)이 욕인줄 알고 신고를 했다거나, 심심한 위로가 도대체 무슨 의미냐고 묻는 사례 등과 같이 문해력 문제는 심각한 수준입니다.

이러한 문제가 생기는 가장 큰 이유는 어릴 적부터 제대로 학습하지 못한 문법, 다양하게 구사할 수 없는 어휘력 수준 때문입니다. 문법은 문해력의 기초이며, 어휘력은 국어의 기본입니다.

문법의 경우, 요즘에는 다양한 문법 학습지와 교재가 나와 있어서 선택의 폭이 넓어졌습니다. 문법은 자칫 지루할 수 있기 때문에 책과 동시에 영상 매체를 통한 학습도 좋은 방법이 될 수 있습니다. 많이 활용하는 대표적인 온라인 학습 콘텐츠로는 '엘리하이, 밀크T' 등이 있습니다. 이러한 콘텐츠는 아이가 자기주도적으로 학습하는 데 도움을 줍니다. 아직 어린 아이에게는 이러한 매체를 적극적으로 활용해보는 것을 권장합니다. 다만 학습 이외에 다른 유해 콘텐츠에 빠지거나, 공부의 목적을 잃어버리지 않도록 하는 등 부모님의 적절한 규제 역시 꼭 필요합니다.

우리말의 50% 이상은 한자어, 한자 공부로 어휘를 익혀라

어휘력의 중요성도 짚고 넘어가지 않을 수가 없습니다. 보통 성인이 돼서 구사하게 되는 대화 속 어휘의 85%를 초등학생 시기에 완성하게 된다고 합니다. 교과 내용을 학습하면서 문제 속의 문장을 이해하려면 당연히 문장구조에 대한 이해와 더불어 어휘력은 필수입니다.

국어도 '언어'이기 때문에 단기간 훈련으로 어휘력이 늘기는 힘듭니다. 어떤 수단을 선택하든 간에 아이가 가장 꾸준하고 오래 할 수 있는 어휘 학습을 실천하게 해주는 것이 중요합니다. 물론 어휘를 가장 자연스럽게 습득해 쌓아갈 수 있는 방법이 독서라는 것도 다시 한 번 당부드리고 싶습니다.

초등학생 때 어휘 공부를 효과적으로 시키기 위해서는 무엇보다 한자 공부를 추천합니다. 우리말의 50% 이상은 한자어로 되어 있습니다. 하지만 대다수의 부모님과 학생들은 한자 공부가 고리타분하기만 할 뿐, 다소 쓸모없는 공부라고 생각하고 있습니다. 한자 공부는 절대 쓸모없는 공부가 아닙니다. 어떻게 보면 가장 가성비 있는 공부입니다. 다만 '어떤 방식으로 배우고 습득할 것인가'가 중요합니다.

한자를 어렵게 쓰고 암기하며 공부하게 하지 마세요. 대신 생활 속에서 자연스럽게 접하며 알게 해주는 것이 중요합니다. 생활 속 어휘 대부분이 한자어이기 때문에 조금만 가르치면 자연스럽게 접할 수 있습니다. 당장 우리 가족의 이름부터가 한자어죠. 가족 이름의 뜻이 무엇인지, 어떻게 쓰는지 등 아이 스스로 궁금증을 유발하여 저절로 터득할 수 있도록 유도해주세요.

구체적으로는 한자를 한 글자씩 익히는 것보다는 한자가 들어간 단어까지 연결 지어 그 뜻을 하나씩 추리하면서 나아가면 더 큰 효과를 가져올 수 있습니다. 다음의 문장을 보겠습니다.

> "제 불찰로 인한 여러분의 피해에 심심한 사과를 드립니다"
> -홍길동-

뜻을 잘 모르는 상태에서 보면 작성자에게 상당히 비난을 가할 수도 있는 글입니다. 실제로도 많이 일어나는 사례입니다. 어떤 크리에이터가 심심한 사과를 한다고 공지했는데, 그 뜻을 이해하지 못한 일부 사람들이 비난을 하여 화제가 된 적도 있습니다.

여기서의 '심심한'은 다음과 같은 한자어로 구성되어 있습니다.

심심하다 = 매우 심(甚) + 깊을 심(深) = "매우 깊다"
심심한 사과 = "매우 깊은 사과"

'심심한'은 '매우 심(甚)'에 '깊을 심(深)' 자를 써서 진실되고 깊은 사과를 말하는 것입니다. 여기에 '심' 자가 들어가는 몇 개의 단어(이를테면 심화, 심층)를 추가적으로 연결하여 공부하면 더 쉽게 그 의미에 다가갈 수 있습니다. 한자는 한자어 하나만을 외우는 것이 아니라 한자가 들어간 단어의 의미를 같이 이해하면서 익혀야 학습에 효과적입니다. 한자 하나로 수십 개 어휘의 뜻을 쉽게 이해할 수 있으니, 한자는 가성비 넘치는 초등 국어 공부법인 셈이지요.

아울러 고사성어 학습의 비중을 높이길 추천합니다. 고사의 가장 큰 장점은 흥미로운 일화가 곁들여진다는 점입니다. 접근이 상대적으로 쉽고, 아이 입장에서는 고사성어를 알면 지식이 확장되는 것처럼 보이는 효과도 있어 자신감도 쉽게 커집니다. 고사성어 역시 무작정 뜻만 외우려 하면 억지스러운 공부가 될 수 있으므로 연관된 이야기를 곁들여 배우는 것이 흥미를 유발하기 좋습니다. 초등 저학년의 경우, 요새는 시중에 한자를 쉽게 익힐 수 있는 수많은 학습 만화책이 나와 있습니다. 그 종류와 내용도 정말 다양합니다.

중등 국어 학습 로드맵

국어는 단기간에 성적을 올리기 어려운 과목

상담 때면 초등학생 때는 제법 공부를 잘한다고 하던 아이가 중학교 입학 후에는 공부를 재미없어하고, 하기 싫어한다고 이야기하시곤 합니다. 자연히 어떤 공부에 비중을 둬야 할지 고민하시게 되는데요. 이때 많은 분이 국어가 상대적으로 쉬우니 수학이나 영어에 집중하자고 생각합니다. 그런 분께 간혹 수능 국어의 지문을 보여드리면 수능이 이렇게 어려웠냐고 신선한 충격을 받기도 합니다.

요즘 대입 수능 국어의 난이도는 상당히 높습니다. 장기간 제대로 준비하지 않으면 고등학교 진학 후에 국어는 더 큰 어려움으로 찾아오게 됩니다. 중등 국어는 평상시에는 문법, 작문, 어휘 파트를 두루

두루 학습하며 독해력, 문해력을 키우다가 시험 기간에는 시험 대비에 집중해야 하는, 손이 많이 가는 과목입니다. 따라서 무조건 책만 많이 읽거나, 문제집만 많이 풀거나 하는 무분별한 학습법에 의지하지 마세요. 아이 맞춤형 체계적인 학습이 필요합니다. 그렇다면 중등 국어의 올바른 학습법은 무엇일지 몇 가지로 나눠서 말씀드리겠습니다.

다양한 장르, 전략적인 독후 활동, 신문 읽기로 문해력을 키워라

중등 국어 역시 독서가 많은 비중을 차지합니다. 고등학교에 진학한 후에는 내신 관리, 모의고사 준비 등으로 책을 읽을 시간이 절대적으로 부족하고 마음의 여유도 없습니다. 그러므로 중학교 시기에는 꾸준하게 최대한 다양한 장르의 독서를 할 수 있도록 목표를 정하길 바랍니다. 초등학생 때에 비해서 읽는 시간은 부족하지만 독서를 통해 독해력, 문해력, 어휘력 등 고른 향상을 도모할 수 있는 마지막 시기입니다.

중학생 때 독서가 그 어느 때보다 중요한 이유는 이 시기에 본격적으로 문제해결을 위한 지문을 접하게 되는데, 이러한 문제를 푸는 문해력을 키울 수 있기 때문입니다. 다양한 지문을 읽으면서 문장 간의 관계를 파악하고, 문단의 중심 내용을 분석 요약해보는 연습을 하는 데 독서만 한 것이 없습니다. 이러한 능력은 국어뿐 아니라 영어, 수학 등 다른 과목의 전반적인 실력 상승에도 도움이 된다는 점을 기억하시길 바랍니다. 인문, 사회, 과학, 철학 등 다양한 장르의 글을 자주 접하고, 조금은 길고 어려운 글 읽기를 반복한다면 독해력 또한 향상시킬 수 있습니다.

중학교 2, 3학년 때는 우리나라의 대표적인 단편소설을 읽는 것을 추천합니다. 단편소설은 많은 시간을 할애하지 않아도 되기 때문에 큰 부담이 없습니다. 또한 대부분이 내신 혹은 수능 학습서에서 마주하게 될 작품입니다. 한 번이라도 작품을 접하고 고등학생이 되어 다시 접하게 되면 더욱 쉽게 작품에 다가설 수 있습니다. 문학작품은 내가 사전에 알고 있느냐 없느냐가 자신감에 큰 차이를 만듭니다.

중학교 수준에서는 너무 철학적이거나 재미없는 소설보다는 아이들의 흥미를 유발할 만한 소설을 추려 읽도록 하는 것이 좋습니다. 몇 가지를 추천하자면 다음과 같습니다.

<中학생 필독 단편소설>

국내	국외
• 김동인 – 〈감자〉, 〈광염소나타〉 • 김소진 – 〈자전거 도둑〉 • 전상국 – 〈우상의 눈물〉 • 김유정 – 〈동백꽃〉 • 현진건 – 〈운수 좋은 날〉 • 황순원 – 〈학〉 • 하근찬 – 〈수난이대〉 • 전광용 – 〈꺼삐딴 리〉 • 황석영 – 〈아우를 위하여〉	• 어니스트 헤밍웨이 – 〈노인과 바다〉, 〈인디언 부락〉, 〈흰 코끼리 같은 언덕〉 • 오 헨리 – 〈크리스마스 선물〉, 〈마지막 잎새〉 • 나다니엘 호손 – 〈큰바위 얼굴〉 • 프란츠 카프카 – 〈변신〉, 〈법 앞에서〉 • 기 드 모파상 – 〈목걸이〉, 〈두 친구〉 • 알퐁스 도데 – 〈마지막 수업〉, 〈별〉 • 헤르만 헤세 – 〈나비〉 • 빅토르 위고 – 〈가난한 사람들〉 • 허버트 조지 웰스 – 〈마술 상점〉

독서와 독후 활동에도 방법과 전략이 필요합니다. 다양한 장르의 책을 많이 읽는 것도 중요하지만, 좀 더 큰 효과를 거두기 위해서는 초등학생 때부터 활용했던 독서노트를 활용하기를 권합니다. 초등학생 때는 보통 독서 후 나의 느낀 점만을 노트에 적었습니다. 중학생이라면 문제풀이에 실질적인 도움이 되는 핵심 단어, 어휘, 중요 문장 고르기, 단락 나누기 등을 적는 습관을 가져야 합니다.

중등 국어부터는 글의 요지를 파악하는 것이 가장 중요합니다. 그러기 위해 단락별 중심 내용을 독서노트에 정리하도록 하게 해주세요. 이때 중요한 점은 나의 생각을 단순히 정리하는 게 아니라 줄거리 및 글쓴이의 생각을 정리해야 한다는 점입니다. 국어 문제를 풀다 보면 글쓴이의 생각을 묻는데 무심결에 나의 견해에 따라 문제를 풀게 되는 경우가 있습니다. 최대한 지문만을 이용하여 정확히 풀어내야 객관적인 분석력을 키울 수 있습니다.

'신문 읽기'도 문해력 향상에 많은 도움이 됩니다. 신문은 정치, 경제, 사회, 문화, 과학 등 많은 장르를 담고 있습니다. 그래서 신문을 읽다 보면 다양한 배경지식을 쌓을 수 있고, 생소한 단어가 등장하면 앞뒤 문맥을 파악하여 이해할 수 있는 능력이 키워집니다. 배경지식은 국어 학습 외에 트렌드를 이해하는 데 도움이 되어 학교활동에도 도움이 됩니다. 이러한 이유로 꼭 신문 읽기를 추천합니다.

요즘은 휴대폰으로도 다양한 기사를 접할 수 있으니 시간을 정해 놓지 않고, 자투리 시간을 활용해서 기사를 접하게 해도 됩니다. 더불어 그렇게 접한 기사의 내용으로 부모님이 함께 대화나 토론을 해 보시길 바랍니다.

독서는 당장 효과가 나타나지는 않습니다. 그렇다고 하더라도 초조함에 의문을 가지기보다는 문해력 향상을 목표로 계획적, 체계적으로 계속 진행해야 합니다. 일정 기간이 지난 이후에는 반드시 그 효과를 볼 수 있을 것입니다.

서술형, 논술형 대비를 위해
쓰기와 말하기 능력을 유지하라

중학교 이후에는 내신에서 서술형, 논술형 평가의 비중이 높아집니다. 고등학교 내신은 물론이고 대입 논술시험 및 면접에서도 중요하게 작용합니다. 이 비중은 최근 들어 지속적으로 확대되고 있습니다. 이를 대비하기 위해서는 쓰기와 말하기 능력도 꾸준히 키워야 합니다. 쓰기와 말하기 능력은 암기 위주의 학습환경에서는 절대 키워지지 않는 능력이므로, 독서를 통한 다양한 지식 습득과 분석 능력 향상이 함께 병행되어야 합니다.

매주, 혹은 매월 규칙적으로 필독서를 정하여 읽고, 다양한 주제와 어휘를 체득하며, 책의 배경지식과 연결하여 글쓰기를 하거나 책의 주제와 관련된 디베이트수업, 독서토론 등의 방법을 꾸준히 활용하게 해야 합니다. 이런 활동들이 이루어져야 본인이 읽은 책의 주제에 대해 생각할 시간을 갖고, 그 내용을 글이나 말로 표현하며 자신의 생각과 의견을 논리적으로 설명하는 방법을 배우며, 언어 능력을 발전시킬 수 있습니다.

수능 맛보기를 통해 문제의 패턴을 익히게 하라

학습과 별개로, 아이가 중2, 3학년이 되었을 때 현재 독해력 수준을 객관적으로 파악하여 어느 정도 수준이 되었다는 판단이 들면 수능 평가원 기출문제도 미리 접해보길 바랍니다. 수능 평가원 기출문제에는 다양한 소재가 등장하고 난이도도 제법 높습니다. 또한 여러 번의 검토 과정을 거치기 때문에 문제의 완성도가 매우 높습니다. 논리적인 글의 패턴을 익히는 데 큰 도움이 됩니다.

처음 모의고사나 수능 기출문제를 풀 때는 다소 어렵고 점수가 낮게 나올 수도 있습니다. 그러나 문제를 자주 접하고 풀다 보면 유형에 익숙해지고, 실제 학교에서 치루는 모의고사 등에서 많은 자신감을 가질 수 있습니다. 장기적으로는 수능과 연계되기에 실력 향상에 많은 도움이 될 것입니다.

경험하는 문제로는 고1 전국연합학력평가에 출제되었던 기출문제가 좋습니다. 기출문제를 풀 때는 무턱대고 풀기보다는 장르를 나눠서 풀어보기를 바랍니다. 예를 들어 현대소설만 먼저 풀어본 뒤에 이어서 문법만 따로 풀어보거나 하는 식의 방법입니다. 각 장르마다 나름의 문제 패턴이 있고, 묻고자 하는 핵심을 발견할 수 있기 때문입니다. 예를 들어 '시'의 경우, 시에서 가장 많이 묻는 것은 '화자'입니다. '화자'란 시에서 말하는 사람, 즉 '목소리의 주인공'을 일컫습니다. 반복적인 시 문제풀이로 '시를 공부할 때는 화자의 마음이나 생각을 추리하는 것이 우선이 되어야 하구나' 하는 풀이법을 깨달을 것입니다.

중학생 시기에 기출문제를 푸는 것은 아이가 자기주도적으로 유형과 숨겨진 핵심을 깨달을 수 있도록 하기 위합입니다. 이렇게 스스로 깨닫는 과정이 있어야 고득점에 이를 수 있는 것입니다.

초등 영어 학습 로드맵

부모님이 배웠던 영어교육은 절대 No

영어교육의 궁극적인 지향점은 예나 지금이나 변함없이 '영어로 의사소통 역량을 키우는 것'입니다. 그러나 지난날 우리나라 영어교육의 가장 큰 문제점은 영어 교사가 영어 문법 외에는 말하기도 안되는, 안타까운 현실이었습니다. 그러한 여건하에서 교육받았던 많은 어른이 토익 점수는 높지만 영어권 나라에 여행 가서 외국인과의 대화조차 못 하는 구조적인 문제들이 일반화되었습니다.

2022년 개정 교육과정이 적용되는 초등 1, 2학년부터는 단계적으로 개정된 교육과정 방향대로 학습이 시행됩니다. 그만큼 변화되는 교육과정을 제대로 이해하고 이에 따른 올바른 영어학습법을 채택하는 것이 중요합니다.

초등학교에서 정식으로 영어교육을 시작하는 시기는 3학년이지만, 대다수의 학부모님이 조기교육 열풍으로 어렸을 때부터 영어를 접하게 하기 위해 노력합니다. 여기서 가장 중요한 것은 최대한 자주 영어에 노출되게 하는 방법이 최선이라는 것입니다. 콘텐츠 역시 요즘은 유료로 구매하는 영상이나 교육 콘텐츠 외에 무료 콘텐츠도 많아서 자료를 구하는 데 큰 어려움은 없습니다. 하지만 영어 과목에서 가장 어려운 것은 바로 '꾸준함'과 '반복'입니다.

아이가 태어나서 말을 배울 때 어느 날 갑자기 말을 잘하게 되는 것이 아닌 것처럼, 영어도 몇 년에 걸쳐 어휘가 늘면서 짤막한 단어 조합을 말하게 되고, 이후에 문장구조를 갖추어 말하게 됩니다. 영어도 초등학교 때 익힌 단어로 올바르게 발음하고, 듣고, 쓰고, 문법을 배우며 문제풀이가 가능한 수준으로 서서히 성장하는 것입니다. 따라서 영어는 급하게 시간을 정해 놓고 공부한다고 목표를 달성할 수 있는 과목이 아닙니다. 장기적인 계획을 가지고 꾸준하고 반복적으로 수행해야 합니다.

무엇보다 이를 실천하는 것이 가장 중요하므로, 여기서는 바람직한 초등 영어 학습법에 대해 제시해보고자 합니다.

영어 학습은 재미로 출발해야 한다

조기교육 열풍으로 초등 저학년, 유치원생부터 영어교육을 시작하고 있습니다. 초등 저학년까지는 영어에 대한 구조적인 이해나 심도 있는 학습이 필요할 때가 아닙니다. 가장 중요한 것은 아이들이 영어에 대해 흥미를 가질 수 있도록 도와주는 것입니다. 즉 영어가 재미있다고 느껴서 접할 때마다 거부감이 없도록 해야 합니다.

이 시기에는 게임과 노래, 여러 가지 학습 도구와 시청각 자료를 활용하여 영어학습에 좀 더 몰입하게 해주고, 아이들이 공부보다는 '놀이'를 하고 있다는 생각을 갖게 해주는 것이 좋습니다.

① 학습장소가 교실일 필요는 없다

저학년 아이들에게 학습장소가 반드시 교실일 필요는 없습니다. 일상을 둘러보면 주변의 물건, 동물 등 아이들이 관심을 가질 수 있는 대상이 많습니다. 아이 방에 있는 물건 영어로 말해보기, 동네 가게 간판 색깔을 영어로 말해보기 등, 주변을 이용해서 영어 학습으로 연결시킬 수 있는 방법이 아주 다양합니다. 아이들에게 딱딱한 공부라는 인식만 주지 않으면 됩니다.

② 영상으로 아이들의 흥미를 유발시키기

아이들이 흥미로워할 만한 영어 관련 영상을 시청하게 해주시길 바랍니다. 예를 들어, 책으로 읽었던 영어동화의 영어 애니메이션을 보게 하는 것도 좋은 방법입니다. 자연스럽게 영어 발음을 듣고 따라 할 수 있으며, 책이나 만화 속의 캐릭터에 대한 호기심과 영상에서 느낀 경험으로 영어가 더 재미있고 친근해집니다. 이런 과정이 꾸준하게 생활의 일부로 받아들여지면 좀 더 자연스럽게 영어에 가까워질 수 있습니다.

요즘에는 온라인 학습 콘텐츠가 상당히 잘 되어 있습니다. 흥미만 높여준다면 아이가 혼자 학습하는 모습을 볼 수도 있습니다. 부모님은 학습계획을 같이 짜고 계획을 잘 실천할 수 있도록 옆에서 바라보기만 해도 될 것입니다.

③ 영어로 하는 다양한 놀이

엄마와 함께 행하는 '엄마표 영어'의 핵심은 영어를 엄마와 함께 즐겁게 익힌다는 점입니다. 풍부한 영어 콘텐츠로 부모님의 선택권이 넓어진 만큼, 아이에게 잘 맞는 다양한 영어 콘텐츠들을 접하게 해주는 것도 큰 도움이 됩니다. 영어단어 게임, 영어 발음 따라하기 및 영어 노래 부르기나 영어로 재미있는 대화하기 등 어렸을 때부터 많은 영어 활동으로 아이와 상호작용을 해주시기 바랍니다. 영어 게임은 부담 없는 놀이학습이기에 긍정적인 효과를 줄 것입니다.

아이의 수준에 맞는 학습법과 교재를 선택하라

부모님의 영어교육에 대한 가치관이나 교육철학이 다르기 때문에, 아이들이 알파벳을 배우거나 파닉스를 익히는 시기는 각각 다릅니다. 알파벳을 익혀야 하는 시기가 언제가 가장 좋고 언제까지 파닉스를 해야 한다고 말씀드리기는 어렵지만, 분명히 말씀드릴 수 있는 것은 영어학습법과 교재는 아이 맞춤형으로 채택되어야 한다는 것입니다.

유치원만 가도 알파벳까지만 배운 아이가 있고, 파닉스를 마친 아이가 있을 것입니다. 초등학교 입학 이후에도 아직 알파벳이나 파닉스를 익히지 않은 아이가 있을 수도 있습니다. 옆집 아이가 영어 쓰기(writing)를 잘한다고 해서 우리 아이도 똑같은 레벨의 교재를 사서 공부할 필요는 없습니다.

문법은 아이의 영어 학습
성취도에 맞게 시작하라

영어 문법을 시작해야 하는 시기는 정해져 있지 않습니다. 하지만 너무 일찍 시작하게 되면 아이가 '영어 = 공부'라는 인식을 갖게 됩니다. 영어 문법은 아이의 영어 성취도에 따라 초등 고학년이 되어 진행해도 충분합니다. 지나치게 일찍 시작한 영어 문법 학습은 독이 될 수 있으니 아이가 충분히 받아들일 만큼의 사전 학습이 진행된 이후에 병행하는 것이 좋습니다.

문법 교재 역시 아이의 수준과 학년에 맞는 교재를 선택하여 매일 한 챕터씩 혹은 필요한 분량만큼 목표와 계획을 세워 학습하는 것이 좋습니다. 먼저 문법 이론을 충분히 이해한 뒤에, 연습문제-응용문제 순으로 문제를 풉니다. 그다음 그 문법이 적용된 독해 지문을 읽고 풀어보는 방법으로 하나의 문법을 익히며 완성도를 높여갑니다.

이렇게 초등 영어 공부법에 대해 간략히 알아봤습니다. 일주일에 한두 번 긴 시간으로 학습하기보다는, 짧은 시간이라도 매일 꾸준하게 학습하는 것이 더 효과적입니다. 영어는 매일 접하고 기억할 수 있도록 아이들의 실생활과도 밀접하게 닿아 있어야 좀 더 효과적인 결과를 얻을 수 있습니다.

중학교 입학 이후에는 내신 대비, 수행평가, 다양한 교내활동 등으로 인해 영어학습에 대한 흥미를 느낄 수 있는 시기가 이미 지날 수 있습니다. 초등학생 때 자연스럽게 영어에 접할 수 있는 환경을 최대한 많이 만들어서 기초를 마련해야 합니다. 그런 과정을 거친 뒤 중학교에 입학해야, 다른 과목도 함께 균형을 맞춰 학습해나갈 수 있습니다.

중등 영어 학습 로드맵

놀이가 아닌 딱딱한 중등 영어

2022 개정 교육과정 내용에서 중등 영어의 개정 방향은 '이해'와 '표현'입니다. 기존의 듣기, 읽기, 말하기, 쓰기 영역으로 세분화된 학습이 큰 의미가 없다는 판단 아래 두 가지 영역으로 통합되었습니다. 하지만 구체적으로 살펴보면 표현만 달라졌을 뿐, 이해는 읽기와 듣기, 표현은 말하기와 쓰기를 통합하고 있어 개정에서도 결국 어휘, 문법, 독해 학습의 필수 요소들은 동일하게 포함하고 있습니다. 다만 이해와 표현으로 통합된 이유는 영어학습에 필요한 필수 역량들이 갖춰져 있어야 이해와 표현이 된다는 취지 때문입니다.

이해 = 읽기(reading), 듣기(listening)
표현 = 말하기(speaking), 쓰기(writing)

중학교에 입학하면 초등학교 때와는 다른 환경에 아이들이 적응하는 데 다소 어려움을 겪는 경우가 있습니다. 영어학습도 마찬가지인데, 초등학교 때는 재미있는 놀이의 연결 선상에서 진행되었던 학습이, 중학교에서는 좀 더 늘어난 어휘, 길어진 문장, 딱딱한 문법 위주의 학습 쪽으로 집중되기 때문입니다. 중등 영어학습은 좀 더 논리적으로 접근해야 합니다. 길어지는 영어 문장에서 구와 절, 문장에 대한 이해가 수반되어야 합니다. 따라서 학습 전략 역시 달라져야 합니다.

대입 상담을 하면서, 고등학교 영어 성적이 기대만큼 나오지 않아 힘들어하는 학생들을 종종 봅니다. 영어 성적이 나오지 않는 가장 큰 이유는 '영어는 나중에 하면 되겠지'라는 안일한 생각 때문입니다. 다른 과목도 크게 다르지는 않지만, 영어는 언어이기 때문에 단기간에 실력을 향상시키기가 어렵다는 것을 명심해야 합니다. 또한 막상 고등학교에 올라가면 우선순위에서 영어가 다른 과목에 밀리는 경우도 많습니다. 그래서 반드시 '고등영어는 중학생 때 완성한다'는 생각으로 공부해야 합니다.

그렇다면 고등학교 내신 영어, 그리고 결국 수능까지 이어지게 될 중등 영어학습은 어떤 방향으로 진행되어야 할까요?

영어의 영원한 숙제는 어휘와 독해력

국어가 그러하듯이 영어를 잘하기 위해 어휘력은 필수적으로 갖추어야 할 중요 역량입니다. 풍부한 어휘를 알고 있으면 말하기와 쓰기를 할 때도 다양한 표현을 할 수 있고, 독해를 할 때도 해석 능력이 한층 높아집니다. 영어 어휘도 언어이기 때문에 결국 반복과 꾸준함만이 실력 향상을 위한 필수 요소입니다.

① 하루에 몰아서 100개 암기 vs 매일 20개 암기

보통 중학교 입학 후 학원에서는 영단어 테스트를 시행합니다. 이를 공부하는 아이들을 보면 크게 세 분류로 나뉩니다.

❶ 매일 20개씩
❷ 시험 전날에 한 번에 100개
❸ 몰라~ 놀자~

❸번에는 영단어 암기법이 아닌 공부의 자세가 중요하겠지요. 중

요한 것은 ❶번과 ❷번입니다. 100개를 하루에 몰아서 외우는 게 나을까요, 매일 20개씩 반복적으로 외우게 하는 게 나을까요? 정답은 매일 20개씩 나누어서 반복적으로 학습하는 것입니다. 예를 들어 매일 20개의 어휘를 새로 학습한다 가정했을 때, 전날 외운 20개에 오늘 20개를 더해서 학습하는 식으로 반복적인 학습을 하는 것이 뇌속 기억장치에 오래 머뭅니다.

이러한 이유로 부모님은 아이가 조금씩 매일 공부할 수 있는 학습 여건을 만들어주는 것이 중요합니다. 단순히 양을 채우기 위해 한 번에 많은 양을 외우도록 하지 말고, 아이의 현재 실력에 맞는 양을 반복적으로 외울 수 있도록 해주셔야 합니다. 저는 학창 시절에 영단어를 매일 30개씩 반복해서 외우고, 완전히 외운 단어는 다시는 보지 않겠다는 생각으로 단어장을 찢어 없앴던 방식으로 공부했습니다. 그때 암기했던 어휘가 지금까지도 기억에 오래 남아있는 이유가 꾸준한 암기 습관 때문이 아닐까 하는 생각이 듭니다.

② 단어장의 단어만 암기 vs 지문에 나오는 단어 암기

영단어를 외울 때, 아이가 보는 영어 지문에 나오는 단어 위주로 암기하면 효과가 배가 됩니다. 중학교 때부터는 많은 문제를 풀게 되는데, 영어 지문을 읽을 때 모르는 단어 중심으로 정리를 하며 암기하는 습관을 기르도록 지도하시길 바랍니다. 간단하게 암기노트를 만들어도 됩니다. 혹은 애초에 영단어와 독해를 같이 할 수 있도록 단어와 연관된 예문이 나와 있는 단어장으로 공부하는 것도 매우 좋은 방법입니다.

영단어는 영어 지문을 먼저 공부한 뒤 문장에서 단어가 어떤 뜻으로 어떻게 사용되었는지를 확인하는 식으로 공부해야 더욱 기억에 남습니다.

한 가지 더 말씀드리자면 지문을 읽으면서 모르는 단어가 나오면 밑줄을 치되, 모르는 단어의 뜻을 바로 찾도록 하지 마세요. 이는 독해력을 향상시키는 데 도움이 되지 않습니다. 독해력은 단어를 모르더라도 앞뒤 문맥을 유추하면서 전체 의미를 파악해보려는 노력을 할 때 발전하게 됩니다. 그래서 모르는 단어를 바로 찾기보다는 문맥과 문장 전체의 의미를 먼저 유추해보는 습관을 갖게 하는 것이 중요합니다. 문제를 풀고 채점해본 뒤에, 단어는 맨 마지막에 모르는 단어 위주로 정리하며 암기하는 것이 좋습니다.

③ 눈으로 대강 읽기 vs 펜으로 끊어 읽기

독해를 할 때는 문장 속에서 펜으로 구와 절을 끊어서 표시하고, 2~5개의 고유한 기능 및 의미를 가진 '마디 말'로 끊어가며 순서대로 직독직해를 하는 것이 훨씬 도움이 됩니다. 눈으로 대강 내용을 파악하는 독해는 모르는 단어가 많아지면 방향성을 잃고, 의미가 파악되지 않는 경우가 많습니다. 그래서 의미구를 끊어 직독직해를 하는 훈련이 필요합니다. 부모님은 아이가 독해 문제를 풀 때 펜이 항상 지문에서 움직이고 있도록 지도해주세요. 이런 방식은 독해력 향상으로 이어지고, 결국 끊어 읽기 속도도 점점 빨라져 영어 문제를 푸는 시간을 줄일 수 있습니다.

중학생 시기는 초등학생 때 쌓은 기초를 가지고 고등학교 영어 학습의 기본기를 완성하는 시기입니다. 이제 수능 영어는 절대평가 실시로 수학에 비해 중요도가 낮아졌습니다. 그래서 고등학교 입학 후에는 상대적으로 영어 학습에 집중할 시간이 부족합니다. 그러므로 중학교 때 어휘, 독해력의 기본기를 반드시 완성해야 합니다.

보통 초등학교 때는 최소 1,000개 정도, 중학교 때는 최소 3,000개 정도의 어휘를 익혀야 한다고 합니다. 영어학습의 기본을 완성하고 고등학교에 입학하면, 이후에 수학이나 탐구 등 다른 과목에 집중할 수 있는 시간을 충분히 확보할 수 있습니다.

변화되는 입시에서 서술형 대비는 필수, 그 중심에는 문법이 있다

2028학년도 대입부터는 대학별 고사(서술형·논술형 평가)가 확대될 가능성이 있습니다. 영어 과목 역시 마찬가지로, 이로 인해 문법은 더욱 중요해질 것입니다.

기초 문법이 잘 정리되어 있지 않으면 당연히 서술형 평가에서 좋은 점수를 받을 수가 없습니다. 내신처럼 단기간에 외워서 대비하는 시험에서는 운이 좋으면 좋은 점수를 받을 수 있지만, 그것이 진정한 실력으로는 연결되지 못하며, 응용·심화 문제에서는 해결력을 잃게 됩니다. 현재의 교육 방향이 지필고사는 축소되고 수행평가 및 서술형 평가는 늘어나는 추세이므로, 문법 실력을 제대로 갖추고 있어야만 대처되는 문제들이 많아질 것입니다.

영어 문법은 무조건 암기하는 것이 아닌 구조적·논리적으로 이해해야 하는 학습이기에, 암기가 아닌 내용 파악을 기반으로 오랜 기간 기억에 남는 학습이 이루어져야 합니다. 어려운 문법책과 교재보다는 쉬운 영문법 교재를 반복적으로 숙지하여 중요 문법에 대한 이해를 완전히 해야 합니다. 독해를 통해 반대로 문법을 적용해보는 것도 문법을 빠르게 공부할 수 있는 방법입니다.

중등 영어의 완전체는 writing 학습

쓰기(writing) 영역은 기존에는 객관식으로 출제되는 경우가 많았지만, 최근 수행평가와 지필고사 서술형 문제에서도 출제 빈도수가 부쩍 늘어나고 있습니다. 초등학생 때는 영어 말하기에 좀 더 집중했다면, 중학생 때는 쓰기, 즉 writing에 집중해야 합니다. writing을 한다는 것은 결국 어휘, 구문, 문법을 모두 영작문에 녹여내는 작업이기 때문에, 아이의 영어 실력 전반을 점검하고 성장시키는 데 큰 역할을 합니다. 그럼 writing 능력이 왜 중요한지, 이를 향상시키는 방법은 무엇인지를 살펴보겠습니다.

① writing은 입시를 넘어 사회에서의 경쟁력이다

고등학교 입학 후에 영어 문장은 더 길어질 것이고, 어휘의 수준은 한층 높아질 것입니다. 내신에서의 주관식 문제, 서술형 평가를 대비한다는 측면에서도 writing 학습은 그 어느 파트보다 중요합니다. 장기적으로는 성인이 되어 사회생활을 할 때 취업에도 필요할 수 있는 필수 영역입니다. writing은 단순한 영어 학습의 한 파트를 넘어, 글로벌한 세계에서 자신의 생각을 표현할 수 있는 핵심 요소이기에 학생 때부터 신경 써야 합니다.

② 영어 에세이를 써보는 것은 writing 학습의 좋은 훈련

생각을 정리해서 글로 표현해내는 능력이야말로 언어의 고도 능력입니다. 이런 글을 영어로 다양하게 표현해보는 에세이 훈련을 하면 writing 실력이 나날이 향상될 것입니다.

처음부터 영어로 에세이를 쓰는 것이 어렵다면, 우리말로 써보게 한 후 그것을 토대로 영어로 번역하게 하셔도 됩니다. 영어 에세이는 거창하고 길고 많은 분량을 쓰게 하는 것이 아니기에, 간단한 문장과 쉬운 구절로 시작하여 사실적인 것만 쓰게 하면 됩니다. 그 이후, 그것을 토대로 나의 생각과 주장을 뒷받침하는 예시와 근거 등을 하나씩 우리말-영어로 덧붙입니다.

초등 수학 학습 로드맵

엄마표 수학의 장단점

초등 수학, 중등 수학, 고등 수학은 단계별로 각각 독립된 학습영역이 아닙니다. 초등학생 때 쌓은 기초 실력으로 중등 수학을 이어가고, 중등 수학을 다듬고 완성하여 좀 더 심화된 영역인 고등 수학까지 이어가는, 유기적으로 연결된 학습과목입니다. 이는 대입 합격을 위한 긴 여정의 시작점인 초등학교 수학 공부를 가장 올바른 학습 방법으로 시작해야 하는 이유이기도 합니다.

초등학교 저학년 수학은 보통 '엄마표' 수학부터 시작이 됩니다. 엄마표 학습의 장점은 다음과 같습니다.

❶ 아이의 수준을 가장 잘 파악할 수 있다.

❷ 내 아이에게 맞는 맞춤형 교재 선택이 가능하다.

❸ 학원 이동 등으로 발생하는 시간을 다른 시간으로 활용할 수 있는 시간적인 여유가 생긴다.

그러나 엄마표 수학도 단점이 있습니다. 그중 하나가 아이가 잘 모르는 부분이 나올 때 인내심을 갖고 기다리지 못한다는 점입니다. 아마도 많은 부모님이 아이가 문제를 잘 못 풀면, 그때마다 모르는 부분을 짚어 설명해주며 즉각적으로 오답 정정을 해주고 있을 것입니다. 하지만 이는 능동적인 사고력 판단과 이해력을 높이는 데 방해가 되어, 아이를 수동적인 학생으로 자라게 합니다.

수학은 문제에 자신이 직접 부딪혀보며 문제를 푸는 방법을 고민하는 것에서 출발합니다. 수동적인 자세로 학습한 아이들은 부모님이나 학교 선생님의 설명을 들을 땐 완벽하게 이해하더라도 정작 자신이 문제를 다시 풀면 해답을 찾지 못하는 경향을 보이곤 합니다. 이런 점을 보완하기 위해 엄마표 학습과 방문 학습을 병행하거나, 다양한 온라인 수업으로 흥미를 불러오는 것도 하나의 방법이 될 수 있습니다.

엄마가 옆에서 지도할 때는 시간이 아무리 오래 걸려도 아이가 스스로 답을 찾아낼 수 있도록 참고 기다려줘야 합니다. 아이가 잘못된 답을 제시해도 상처 주지 않고 화내지 않아야 합니다. 사실 이렇게 기다려주는 것이 중요한 만큼 제일 어려운 일이기도 합니다.

수학이라는 학문은 다른 그 어떤 과목보다도 생각하는 힘, 즉 사고력과 문해력을 요구합니다. 수학은 단순히 암기하는 노력으로 잘할 수 없으며, 기본 개념을 이해하고 이에 따른 문제해결력을 가져야 올바른 답으로 이어질 수 있습니다. 따라서 어려운 문제를 대할 때마다 곁에 있는 누군가의 도움으로 즉각적으로 정답을 찾는 수동적인 학습 태도는 바람직하지 않습니다. 아이 스스로의 힘으로 문제점을 찾고 수정하고 개선해나가는 능동적인 학습 태도를 기르는 것은 무엇보다 중요합니다.

〈엄마표 수학의 장단점과 해당 유형〉

장점	1. 아이의 부족한 점을 잘 알 수 있고 빠른 해결이 가능하다. 2. 시간 활용에 용이하다. 3. 교육비 절감이 가능하다. 4. 아이에게 맞는 교재 선택이 가능하다.	1. 엄마와 아이의 학급 코드가 잘 맞으면 적합하다. 2. 자기주도적 학습이 어느 정도 되는 아이에게 적합하다.
단점	1. 아이의 객관적인 평가가 어렵다. 2. 엄마와 아이 관계가 악화될 수 있다. 3. 아이의 자기주도적 학습 능력을 약화시킬 우려가 있다. 4. 체계적인 커리큘럼이 부족하다.	1. 맞벌이 가정에서는 부적합하다. 2. 친구들과의 관계를 중요시하는 아이에게는 부적합하다.

초등 저학년 수학,
아이가 재미있어하는 공부가 최고다

초등학교 수학은 1학기당 6개의 단원으로 구성되어 있습니다. 유일하게 1학년 1학기만 5단원으로 구성되어 있습니다. 1학년 1학기 수학이 이렇게 구성된 이유는 무엇일까요? 바로 1학년은 아직 어리고 수학은 어려운 과목이니, 여유를 갖고 공부하라는 배려 때문입니다.

사실 초등학교 저학년 수학에서 가장 중요한 점은 '수학에 대한 흥미'와 '할 수 있다는 자신감'을 갖게 하는 점입니다. 하지만 저학년 때부터 부모님은 종종 아이의 수학적 흥미와 자발적 성취를 간과하고 눈앞의 결과에만 의미를 두곤 합니다. 특히 첫 아이일 경우 이런 실수가 더 잦은 것을 볼 수 있습니다. 엄마의 지나친 의욕과 열정이 아이로 하여금 '수학은 재미없고 따분하다'는 생각을 갖게 해서는 안 됩니다.

그렇다면 초등학교 수학을 어떻게 하면 좀 더 바람직한 학습 방향으로 나아갈 수 있을까요? 특별히 초등 수학에서 많이 신경 써야 할 부분에 대해서 말씀드리겠습니다.

① 초등 저학년 수학은 자신감과 흥미가 중요

초등 수학은 '수와 연산, 도형, 측정, 규칙성, 자료와 가능성' 5개의 영역으로 나눠집니다. 이 중 도형, 측정, 규칙성, 자료와 가능성 네 영역에서는 '공부'가 아닌 '놀이'로 수학을 체험하게 하는 방법이 흥미를 가져올 수 있습니다. 아이가 관심 있어 할 만한 교재나 도형, 시청각 자료를 활용하여 보드게임 등의 놀이 방법을 응용하는 것도 좋은 방법입니다.

미취학 시기부터 저학년까지 이어지는 수학 학습의 초반기에 연산 학습에만 치우치게 되면 흥미를 잃게 될 수밖에 없습니다. 적당한 양을 조절하여 아이가 문제해결의 성취감을 느끼고 자신감과 흥미를 잃지 않도록 하는 것이 무엇보다도 중요합니다.

② 고등 수학까지도 수학의 가장 기본은 연산

위에서 지나친 연산 학습에 치우치는 것은 좋지 않다고 했습니다. 이 말은 바꾸어 말하면 부모님들이 제일 강조하는 점이 '연산'이라는 점이지요.

초등학교 저학년 수학에서도 연산을 간과할 수는 없습니다. 수와 연산은 초등 수학 5개의 영역 중 하나에 불과해보이지만, 초1부터 초3까지 배우는 전체 35단원에서 17단원을 차지할 만큼 비중이 크기 때문입니다. 아울러 중학교, 고등학교에 가서도 수학을 잘하기 위한 가장 기본적인 능력이 연산 능력이기에 이 부분을 단련하는 것은 매우 의미가 큽니다.

연산의 두 축은 속도와 정확성입니다. 저학년 수학에서는 속도보다는 정확성에 목표를 갖고, 바르고 정확하게 연산할 수 있도록 지도

해야 합니다. 아이가 정확한 답을 끝까지 유추해낼 수 있도록 재촉하지 말고 기다려주세요. 오히려 빠르게 풀려다 실수를 하는 경우가 많기 때문입니다. 바르고 정확한 훈련이 반복되다 보면 속도는 자연스럽게 따라오기 마련이니까요.

③ 스스로 '왜'라는 질문을 갖게 해야 한다

초등 저학년 수학에서는 무엇보다도 아이가 창의력과 사고력 확장을 할 수 있는 기회를 많이 만들어주는 것이 좋습니다. 기계적으로 답을 내는 훈련이 아닌 아이가 스스로 사고를 하고 '왜'라는 질문을 많이 할 수 있도록 해야 합니다. 사고력을 요하는 문제를 접하게 해주면 많은 도움이 됩니다. 시중에는 많은 수학 교구가 나와 있습니다. 초등 저학년용 수학 퍼즐, 자석 큐브 등 수학 교구를 활용해서 흥미를 유발한 후에 응용된 문제를 풀어보게 하는 것도 하나의 방법입니다. 아이 스스로 답을 찾아서 해결할 수 있을 때, 상상력은 더 풍부해지고 창의력과 사고력 역시 성장합니다.

문제풀이 훈련을 저학년 때부터 충분히 해야 하지 않나 싶지만, 초등 고학년만 되어도 연산이 좀 더 복잡해지기 때문에 문제풀이 훈련을 할 기회가 충분히 확보됩니다. 저학년 때에는 저학년이 아니면 할 수 없는 학습, 다양하고 재미있는 수학적 놀이 활동을 통해 수학을 대하는 올바른 태도를 키워주는 것이 더 바람직합니다.

초등 고학년 수학,
창의력과 사고력 확장엔 수학 관련 독서

초등 4학년부터 시작되는 고학년 수학의 가장 큰 특징은 난이도의 급상승입니다. 이때부터 도형 영역의 비중이 크게 증가하고 연산에서도 분수식의 덧뺄셈과 같은 복잡한 계산식이 연달아 등장합니다. 저학년 수학 35단원 중 1단원에 불과했던 '규칙 찾기'가 고학년 수학 36단원 중 4단원으로 증가하는 것도 주목할 부분입니다.

'규칙 찾기'는 중고등 수학에서 함수와 연계되는 만큼 중요성이 매우 큰 단원입니다. 아울러 규칙성에 포함되는 비례와 비례배분은 6학년 학생들이 제일 어려워하는 단원입니다. 새로 배워야 할 양이 늘어날 뿐만 아니라, 각각의 작은 단원들이 모여 수학이라는 큰 그림을 완성하는 것이므로, 이런 연결고리를 자연스럽게 이해해야 합니다. 이를 위해서는 무엇보다 수학 관련 도서를 읽는 것이 필요합니다.

현행 수능 수학 시험을 기준으로 말씀드리면, 제한된 100분 동안 30문제를 속도와 정확성을 가지고 풀어내야 합니다. 초등학생 때부터 닦은 연산 실력은 기초베이스를 완성하고, 그 위에 중고등학생 때 배우는 다양한 수학적 개념과 단원에 대한 지식이 더해집니다. 이렇게 확장된 수학적 개념을 수험생이 제대로 이해하고 제시간에 해결할 수 있는지를 묻는 시험이 바로 수능입니다.

이 중 중고등학교에서 배우는 확장된 수학적 개념은 초등 수학과는 전혀 상관없는 새로운 지식이 아닙니다. 초등학생 때 배운 수와 연산, 도형과 측정, 변화와 관계, 자료와 가능성의 확장입니다. 좋은 성적을 낸다는 것은 이를 이해하고, 문제를 푸는 데 녹여내는 것으로 시작합니다. 하지만 반복해서 문제집을 푸는 것만으로 이들의 관계를 파악하는 데는 한계가 있습니다. 따라서 교과서를 포함한 수학 관련 독서를 통해 이들의 관계를 배워야 하고, 사고의 폭을 넓히는 것이 필요합니다.

학교 도서관이나 학교 홈페이지를 보면 초등학교 저학년과 고학년 필독 도서 추천 목록이 있습니다. 이중 학년에 맞는 수학 관련 도서를 선정해서 읽어도 됩니다. 시중에는 상당히 많은 수학 교과 연계 도서들이 출간되고 있는데 아이와 같이 서점에 가서 읽어보고 선택한다면 스스로 관심이 있거나 부족하다고 생각하는 분야의 책을 고를 수도 있습니다. 또한 「어린이 수학동아」 같은 수학 관련 잡지 등으로 트렌드를 익히고 재미와 흥미를 이끌어내는 것도 좋습니다.

초등 고학년 수학,
풀이노트를 쓰는 습관을 들여라

의외로 초등 4~6학년 시기는 초중고 12년 입시 수학을 통틀어 가장 복잡한 계산을 다루는 시기입니다. 중고등 수학에서 거의 사용되지 않는 복잡한 분수식의 덧뺄셈, 소수의 곱셈, 나눗셈 등을 전체 36단원 중 11단원에 걸쳐 다루기 때문입니다. 계산이 복잡해짐에 따라, 실수가 단기적으로는 수학 성적, 장기적으로는 수학 성취에 중요한 요소로 작용되는 시기이기도 합니다. 문제를 잘 풀어야 자신감이 올라가고 성취감이 향상되기 마련입니다. 이를 자연스레 극복하기 위해서는 풀이노트 쓰는 것을 추천합니다.

풀이노트는 오답노트와는 별개의 노트입니다. 풀이 과정을 꼼꼼히 적게 하면 아이가 그 과정을 스스로 체크하면서 올바른 개념을 점검해보고, 오답으로 연결된 부분까지도 바로잡을 수 있습니다. 또한 중학교 입학 후에 치러야 하는 내신 시험의 수학 서술형 문제를 연습할 수 있는 좋은 훈련이 되기도 합니다.

풀이노트를 쓰는 방법은 다음과 같습니다.

1. 일단 노트를 반 접는다.
2. 왼쪽에는 문제풀이 과정을 쓴다.
3. 오른쪽에는 문제와 관련된 개념을 한 줄로 정리해보는 연습을 한다.
4. 풀이노트를 쓸 때는 글씨를 또박또박 쓴다.

이렇게 반복적으로 개념 정리를 하게 되면 문제풀이의 완성도까지 높일 수 있어 좋은 공부 습관을 형성할 수 있습니다.

풀이노트를 쓸 때는 글씨도 또박또박 쓰는 훈련을 할 수 있도록 지도합니다. 빠른 시간 안에 제한된 문제를 풀어야 하는 수학 시험에서, 본인만이 아는 글씨로 흘려 쓰다 보면 나중에 수를 잘못 보거나 착각해서 오답으로 갈 확률이 많습니다. 수학 과목에서도 올바른 글쓰기 훈련이 필요합니다.

선행은 지나치지 않게 적당히

이따금 자녀의 수학 선행이 많이 이루어져 있음을 자랑하는 학부모님이 계십니다. 아이의 실력이 그만큼 월등하다는 의미에서 하는 자랑이겠지만, 아이의 실력이 선행과 꼭 비례하지는 않습니다. 선행이 아이의 역량에 맞게 이루어졌다면 칭찬받아 마땅합니다. 하지만 그렇지 않고 분량 위주였다면 경계하는 것은 당연합니다.

수학은 단계적 학습입니다. 기초 단계가 완전하게 습득되어 있지 않으면 위 단계의 학습을 제대로 진행하기 어렵습니다. 지난 진도 과정을 아이가 완전히 익힌 상태에서 현행과정이 학습되어야 하고, 이를 완벽하게 소화한 다음에 선행학습으로 이어져야 합니다.

"선행을 많이 시켰더니 아이가 현행과정을 잊었더라."
"작년에 배운 과정을 전혀 기억 못하더라."

이런 경험에 대한 이야기는 유독 가슴을 아프게 합니다. 지나친 선행학습으로 아이가 수학에 대한 흥미를 잃고 어려운 과목이라는 선입견을 갖게 되어 향후 치러야 할 입시에서 부정적인 영향을 가질까 우려되기 때문입니다.

선행은 아이의 학습 진도와 이해도에 맞는 정도로 이루어져야 합니다. 교재 역시 공부를 잘하는 이웃집의 누가 푸는 교재가 아닌 우리 아이에게 꼭 맞는 교재를 선택할 것을 당부드립니다. 중요한 것은 동네방네 자랑하고 다니는 이웃집 누군가의 수준이 아니라 우리 아이의 수준입니다.

초등 수학에서 개념과 응용 문제를 원활하게 해결할 수 있다면 중등 수학에서도 자신감을 가질 수 있습니다. 더 나아가 고등학교 진학 후에도 소위 말하는 '수포자(수학을 포기한 자)'의 그룹에서 벗어날 수 있습니다. 많은 문제를 풀고 어려운 교재로 진도를 나갈 욕심을 가지기보다는, 올바른 개념을 쌓고 수학에 대한 흥미를 가지고 풀이 과정도 스스로 해결해 나갈 수 있는 자기주도적인 학습 태도가 중요합니다.

〈초등 수학의 단원과 학습 영역〉

193~194p 표는 초등 수학 교과서 단원을 학년별로 나열해놓은 것입니다. 각 색깔에 따라 [수와 연산], [■ 도형], [■ 측정], [■ 자료와 가능성], [■ 규칙성]으로 나누어지는데, 진도를 나갈 때나 교재 선택을 할 때 각 학년별로 연계된 단원을 찾는 데 참고하길 바랍니다.

1학기	1학년	2학년	3학년	4학년	5학년	6학년
1	9까지의 수	세 자리의 수	덧셈과 뺄셈	큰 수	자연수의 혼합계산	분수의 나눗셈
2	여러 가지 모양	여러 가지 도형	평면도형	각도	약수와 배수	각기둥과 각뿔
3	덧셈과 뺄셈	덧셈과 뺄셈	나눗셈	곱셈과 나눗셈	규칙과 대응	소수의 나눗셈
4	비교하기	길이 재기	곱셈	평면도형의 이동	약분과 통분	비와 비율
5	50까지의 수	분류하기	길이와 시간	막대그래프	분수식의 덧셈과 뺄셈	여러 가지 그래프
6		곱셈	분수와 소수	규칙 찾기	다각형의 둘레와 넓이	직육면체의 부피와 겉넓이

2학기	1학년	2학년	3학년	4학년	5학년	6학년
7	100까지의 수	네 자리 수	곱셈	분수의 덧셈과 뺄셈	수의 범위와 이용하기	분수의 나눗셈
8	덧셈과 뺄셈	곱셈구구	나눗셈	삼각형	분수의 곱셈	소수의 나눗셈
9	여러 가지 모양	길이 재기	원	소수의 덧셈과 뺄셈	합동과 대칭	공간과 입체
10	덧셈과 뺄셈	시각과 시간	분수	사각형	소수의 곱셈	비례식과 비례배분
11	시계 보기와 규칙 찾기	표와 그래프	들이와 무게	꺾은선 그래프	직육면체	원의 넓이
12	덧셈과 뺄셈	규칙 찾기	자료의 정리	다각형	평균과 가능성	원기둥, 원뿔, 구

중등 수학 학습 로드맵

수학의 쓸모

초등 수학이 측량, 측정의 체험적 학습과 정의 학습에 중점을 두었다면, 중등 수학은 초등학교에서 배운 수학적 개념과 지식을 가지고 응용·심화된 내용으로 확장된다는 데 그 차이가 있습니다. 초등학교 때보다 좀 더 높은 사고력이 요구되는 만큼, 스스로 생각하는 습관이 점차 더 중요해집니다. 이것은 결코 누가 대신해줄 수 있는 능력이 아니기 때문에 자기 스스로 습관화하며 형성해나가야 합니다.

"선생님, 수학이 실제 생활에서 잘 쓰이지도 않고, 기본 연산 정도만 해도 사는 데 지장이 없지 않나요?"

수학을 싫어하는 학생에게 흔히 많이 받는 질문입니다. 하긴 살면서 삼각함수나 미분 적분을 우리 생활에 바로 적용해서 쓰는 경우가 거의 없긴 하지요.

하지만 수학 학습을 통해 길러질 수 있는 논리력과 사고력은, 주어진 조건과 정보를 분석하여 합리적인 판단을 하는 데 많은 도움을 줍니다. 또한 실제 생활에서도 문제를 해결하는 데 수학적 방법으로 조건을 해석하고 해결하는 과정이 많습니다. 쇼핑할 때의 할인율이라든지, 우리가 항상 보는 시계의 시간, 자동차의 속도 등 자세히 들여다보면 우리 생활이 거의 수학과 밀접한 관계로 이루어져 있다는 것을 알 수 있습니다.

우리 아이, 수학을 싫어하는데 문과 가야 할까요?

문이과 통합이 되었지만 그 이전부터 문과계열 아이의 수학 과목에 대한 고민은 고등학생 학부모님의 가장 큰 고민이었습니다. 지금도 어머님들께서는 종종 이런 질문을 하십니다.

"선생님, 우리 아이가 수학을 싫어 하는데 이과를 가도 될까요?(아니면 반대로 우리 아이가 국어를 너무 싫어하는데 문과를 가도 될까요)?"

또한 학생들 중에는 이렇게 이야기하는 학생들이 많습니다.

"선생님, 저는 수학(또는 과학)이 싫어요. 그래서 이과(자연계)는 안 가려고요. 그럼 수학(과학)을 피할 수 있잖아요?"

이와 반대로 이과(자연)계열을 희망하는 아이들 중에는 책이 너무 싫어 국어를 못 하는 학생, 단어만 봐도 경기를 일으킬 정도로 영어를 싫어하는 학생들도 있습니다. 즉 어떤 과목을 좋아하고 잘하느냐가 계열을 택할 때 많은 영향을 미친다는 것이지요. 그런데 정말 수학이 싫어서 문과를 가면 괜찮을까요? 결론부터 말하자면 "아니요"입니다.

현재 대입 정시를 기준으로, 인문계열 학과를 생각한다면 모의고사에서 국어와 수학이 중요하고, 자연계열 학과를 생각하면 상대적으로 수학과 과탐이 중요합니다. 많은 대학에서 인문계열은 국어와 수학, 자연계열은 수학과 과탐의 반영 비율이 높습니다. 어떤 계열이든 수학은 중요합니다. 입시에서 수학은 아이들의 학업 역량을 평가하는 데 기준이 되는 중요 과목임을 알 수 있습니다. 그러니 수학을 못해서 인문계열로 진학한다는 것은 그릇된 인식입니다.

그럼 우선 인문계열을 기준으로, 대학 입시에서 수학의 중요성에 대해 좀 더 구체적으로 살펴보겠습니다.

① 상경계열은 수시에서 수학적인 역량을 직접 평가한다

아래 표는 서울대학교 수시 학생부종합전형을 기준으로 제시한 인문계열(문과) 모집 단위별 권장과목과 2단계 면접(구술고사) 범위입니다. 권장과목을 보면 미적분과 확률과 통계 과목이 제시되어 있음을 알 수 있습니다. 심지어는 2단계 구술고사에서도 수학 면접을 보는 모집단위도 있습니다. 그만큼 수학적인 역량을 중요하게 평가하겠다는 것입니다. 인문계열 중에서도 상경계열 진학을 희망한다면 수학은 매우 중요한 과목입니다.

〈2025학년도 기준 서울대학교 인문계열 전공별 권장과목, 구술고사 예시〉

모집 단위	권장과목	2단계 구술고사
경제학부	미적분, 확률과 통계	사회과학, 수학(인문)
경영대학	–	사회과학, 수학(인문)
농경제사회학부	미적분, 확률과 통계	사회과학, 수학(인문)
소비자학 전공	–	사회과학, 수학(인문)
자유전공학부	미적분, 확률과 통계	사회과학, 수학(인문) /인문학, 수학(인문) /수학(인문), 수학(자연) 중 택1
그 외 모집 단위	–	인문학, 사회과학

② 정시에서 인문계열도 수학의 반영 비율이 높다

199p의 표는 정시에서 대학별 수능 과목 반영 비율을 나타낸 표입니다. 인문계열(문과)의 경우에도 수학의 비중이 높은 대학이 많습

니다. 서울대의 경우 인문, 자연 모두 수학의 반영 비율이 제일 높고, 그다음 국어 비율이 높습니다. 고려대 인문계열의 경우에도 국어와 수학의 반영 비율이 동일하게 가장 높습니다. 서강대는 인문, 자연계열 모두 수학의 비중이 가장 높습니다. 수학을 포기한다면 좋은 입시 결과를 얻을 수 없는 이유입니다.

〈2025학년도 기준 대학별 수능 반영 비율 예시〉

학교	계열	국어	수학	사회/과학탐구
서울대	인문, 자연	100	120	80
연세대	자연	100	150	150
	인문	150	100	100
고려대	자연	100	120	100
	인문	100	100	80
한양대	자연	100	160	100
	상경	100	100	57
	인문	100	86	57
성균관대	자연(A,B중 택)	67/100	133	100/67
	인문(A,B중 택)	117/100	83/133	100/67
서강대	인문, 자연	110	130	60
중앙대	자연	100	117	117
	상경, 사회과학	100	133	100
	인문	117	100	117

이처럼 수학은 인문계열에서도 역량을 판가름하는 데 중요한 요소가 됩니다. 또한 수학을 많이 쓰지 않는 의과대학에서도 수학적 역량은 필수입니다. 의대에 입학하게 되면 실제 수학을 많이 접하지는 않지만, 수학적 역량이 되면 어떤 공부도 할 수 있다는 의미에서 수학을 중요시합니다. 이러한 이유로 어떠한 계열이든 수학의 중요성 없이 균형 잡힌 공부, 성공적인 입시를 논하기는 어려울 것입니다.

자연계열(이과)도
수학, 과학만 잘하는 것은 바람직하지 않다

앞서서 인문계열에 수학이 필요한 이유를 말씀드렸으니, 부가적으로 반대의 경우도 말씀을 드리겠습니다. 상담을 하다 보면 수학과 과학 역량은 훌륭한데, 반대로 언어 역량이 약한 학생들도 많습니다. 구체적으로는 언어 역량이 약해 의사소통 능력이 떨어져 사람들과의 관계가 원만하지 않은 학생들도 많이 봅니다. 평소에 좋아하는 수학과 과학은 열심히 한 반면, 국어 공부에 소홀히 한 것이 큰 이유 중 하나라고 생각합니다.

언어 역량 중 의사소통 능력은 협업을 중시하는 현대 사회에서도 매우 중요한 요소입니다. 실제 대기업에서 신입사원을 선발할 때, 개인의 실력보다 더 중요한 요소를 '협업과 소통 능력'으로 꼽기도 했습니다. 결국은 특정 분야에만 우수한 인재보다는 두루두루 균형 잡힌 인재를 더 선호한다는 의미겠지요.

고등학교 입시를 잠깐 더 살펴보겠습니다. 영재과학고에서는 수학, 과학의 역량이 탁월하면 우수한 학생이라고 평가합니다. 그러나 전국 단위 자사고의 경우 대부분의 학교에서 주요 과목인 국어, 영어, 수학, 사회, 과학 내신을 모두 반영합니다. 중학생 때부터 어느 한쪽만 잘하면 안 된다는 것입니다. 앞선 수능 반영 비율 표에서도 알수 있듯이 정시(수능)에서 자연계열 학생들을 선발할 때도 국어 성적이 낮으면 불리한 대학들도 많다는 것을 알 수 있습니다. 이러한 이유로, 아이가 좋아하는 과목만 학습하는 것보다는, 싫어하는 과목도 꾸준하게 공부하도록 해서 균형 잡힌 인재로 자라날 수 있게 해주는 것이 중요합니다.

기본 개념이 가장 중요한 수학, 교과서부터 충실해야

이제부터는 중학교 수학을 어떻게 지도해야 하는지를 알려드리겠습니다. 수학은 이해를 필요로 하는 과목입니다. 영단어를 외우듯이 무조건 공식을 많이 암기한다고 잘하는 것이 아닙니다. 단원별 기본 개념을 숙지하고 이해하는 것이 1순위 학습법입니다. 이때 기본 개념을 학습하기 위해 많은 교재를 활용하게 되는데, 교과서만큼 중요한 교재는 없습니다.

교과서는 쉽다고 생각하거나, 학교에서 이미 배웠으니 시중에 나온 다른 교재를 우선적으로 학습해야 한다는 분이 많습니다. 하지만 우선 교과서를 가장 먼저 학습해야 합니다. 교과서 공부로 개념 정리가 충분히 완성되었다는 판단이 들면, 교과서의 예제 문제를 푼 후에 그제야 다양한 연습문제와 응용문제를 풀어보는 식으로 나아가야 합니다.

가끔 개념 공부는 다 했는데 문제가 안 풀린다고 말하는 학생들을 보게 됩니다. 문제풀이가 잘 안되거나 답을 틀린다는 것은 개념 숙지가 제대로 이루어지지 않았다는 것입니다. 이럴 때는 다시 교과서로 돌아가 개념 학습에 충분한 시간을 들여야 합니다. 개념을 완벽히 나의 것으로 만들어야 합니다. 교과서로 돌아가는 데 의문을 품는 아이가 있다면 설득해서 교과서 개념부터 다시 숙지하게 해주세요.

중학교 수학 교과서는 출판사마다 다르지만, 보통 '개념 설명'과 '문제풀이를 통한 확인', '단원 주제를 흥미롭게 확장시키는 읽을거리'의 3단계로 구성됩니다. 이중에서 읽을거리를 스킵하는 학생들도 많은데, 학교에서 치르는 중간·기말고사의 서술형 고득점 문제 중에는 이 읽을거리를 변형하여 출제되는 경우가 비일비재합니다. 따라서 이것이 교과서를 빠짐없이 공부해야 하는 실질적인 이유입니다.

수학을 잘하는 데 있어 개념에 따른 왕성한 문제풀이도 중요하겠지만, 그에 앞서 필수적으로 이행되어야 하는 것이 바로 '교과서 개념에 충실하기'임을 절대 잊지 않도록 해주세요.

풀이노트는 선택이 아닌 필수

초등 수학에서의 '수'는 중학 수학에서 '문자'로 변했다가 결국엔 '식'이 됩니다. 이 과정에서 풀이 과정은 점점 더 길어지고 복잡해질 수밖에 없습니다. 초등 수학에서 이미 풀이노트를 강조했지만, 중학교 과정에 들어서면 풀이노트는 반드시 필수로 해야 합니다.

특히 중학교에서는 수행평가의 배점이 높고, 내신 시험에서도 서술형 문제가 높은 배점으로 출제됩니다. 단편적 암기로 풀어내는 문제는 줄어들고, 풀이를 통해 사고의 과정을 기술해야 하는 문제가 많아지는 것은 어쩌면 아이의 성장에 맞는 자연스러운 일입니다. 그리고 이 확장의 과정이 고등학교 시험, 대입 수리논술시험으로 이어집니다.

풀이노트는 풀이 과정의 세분화를 통해 오답으로 가는 실수를 줄일 수 있고, 반복적인 개념 정리가 가능합니다. 또한 자주 틀리는 문제 유형을 점검하여 실전에서 실수를 줄일 수 있도록 합니다. 풀이노트 작성은 장기적으로 안정되고 높은 수학 성적을 기대할 수 있게 하는 검증된 도구 중 하나입니다.

'수학 문제를 푼다'는 것은 첫째로 학생이 문제의 조건과 질문을 제대로 이해했는지, 둘째로 질문에서 묻고 있는 개념을 제대로 알고 필요한 공식을 숙지하고 있는지, 셋째로 그에 따른 문제를 풀어내는 과정에서 출제자의 출제원리와 의도를 이해하고 있는지를 점검하는 것입니다. 이 세 가지의 목적을 기억하며 문제풀이 과정을 논리적으로 정리하고 있는지를 점검해주시기 바랍니다.

놓쳐서는 안 되는 학원 선택 기준 세 가지

중학생이 되면 주요 과목의 학원을 많이 고민하시겠지요. 특히 수학 학원에 대한 고민이 많으실 것입니다. 아이들의 학원 선택 기준을 어떻게 잡고 계시는지요. 학원의 규모, 공부 잘하는 학생들이 많이 가는 학원, 관리가 잘 되는 학원 등 많은 학원 선택 기준이 있습니다. 여기서는 절대 놓쳐서는 안 될 학원 선택 기준 세 가지에 대해서 말씀드리겠습니다.

❶ 중등 수학은 시스템, 고등 수학은 강사

❷ 학생 관리와 오답에 대한 피드백

❸ 학원 규모보다는 평판

일단 선행을 포함한 중등 수학은 시스템, 고등 수학은 강사를 중심으로 봐야 합니다. 중학교 수학에서는 새로운 수와 식이 등장하여 숙련을 해야 하므로 시스템이 중요합니다. 반면 고등 수학인 공통수학1은 중등 수학에서 이미 배운 내용을 이론적으로 어떻게 조합하느냐가 주가 됩니다. 때문에 문제 해석력을 포함한 강사의 역량이 매우 중요합니다.

또한 선행을 하든 현행을 하든, 학생들 관리를 잘해주고 오답 피드백을 완벽하게 해줄 수 있는 곳을 선택하는 것이 좋습니다. 학원 진도는 꾸준히 나가는데 아이가 실력이 늘지 않는다면, 실력이 부족한 이유도 있겠지만 또 다른 이유로 학생 관리가 제대로 되고 있지 않아서일 수도 있습니다. 아이에게 부족한 부분이 제대로 보완되고 있는지를 면밀히 파악해서, 학원 선생님께 요구할 것은 요구하고 소통해야 합니다.

마지막으로, 고등 수학을 배울 때는 학원의 규모와 상관없이 평판이 좋고 유명한 강사를 택하는 것을 우선적으로 추천드립니다. 대치동 유명 강사의 경우 온라인에서 강의가 개설되자마자 초 단위로 마감되는 경우도 있습니다. 이는 강사별로 과목에 대한 통찰력이 다르고 이를 인정하기 때문입니다.

황새 따라가다 가랑이가 찢어지지 않게 하라

'뱁새가 황새 따라가다 가랑이가 찢어진다'는 우리 속담이 있습니다. 즉, 남을 따라하다가 도리어 해를 입게 된다는 뜻입니다. '공부 잘하는 친구는 이미 어디까지 선행했더라' 등의 이유로 아이에게 같은 선행의 기준을 따르게 한다면 얼마 가지 못해 금방 포기하는 경우가 생길 수도 있습니다. 우리 아이에게 적용 가능한 수학 선행의 기준에 대해서 살펴보겠습니다.

❶ 심화서의 오답률을 기준으로 선행의 기준 잡기
❷ 완성도를 90% 정도로 끌어올린 상황에서 다음 선행을 준비
❸ 비중이 약한 것에 집중하지 말고, 현행의 심화나 선행으로 넘어가기

선행 시에는 아이가 푼 심화서의 오답률을 기준으로 다음 수업의 진행을 선택하는 것이 좋습니다. 다 푼 문제집이 쌓일 때마다 아이의 객관적 수준을 가늠할 수 있기 때문입니다.

이때 아이의 성향에 맞게 진도를 결정하는 것이 좋은데, 새로운 수업에 두려움이 많은 아이라면 심화서를 반복적으로 학습하여 완성도를 90% 정도로 끌어올린 상황에서 다음 수업을 진행할 것을 권합니다. 이런 아이들은 대체로 푼 답이 맞냐 안 맞냐에 따라 자존감이 결정되는데, 완성되지 않은 상태에서 무리하게 진도를 나가면 수학을 쉽게 포기하는 경우가 생기기 때문입니다.

중등 수학의 1학기는 대수(수), 2학기는 기하(도형)입니다. 중학교 수학 6학기를 다 잘하면 좋겠지만, 시간 제약으로 인해 어느 한 곳에 힘을 주어야 한다면, 공통수학1, 2의 상당 부분이 중학교 수학 3학년 1학기와 연계되어 있으므로 3학년 1학기 수학은 완벽하게 이해하고 넘어가야 합니다.

무리한 선행보다는 심화학습 위주로 다져라

무리한 선행은 득보다 실이 많습니다. 수학 과목에 흥미를 아예 잃거나 포기를 하게 되는 최악의 결과를 초래할 수도 있지요.

중3 1학기의 말미가 되면 이차방정식에 대해 배웁니다. 고1 비슷한 시기에도 역시 이차방정식에 대해 배웁니다. 그렇다면 중3에서의 이차방정식 풀이와 고1에서의 이차방정식 풀이가 다를까요? 전혀 그렇지 않습니다. 따라서 중3 과정이 느슨한 친구는 고1 과정에서 결코 좋은 결과를 낼 수 없습니다. 사실 고1 수학의 대수 부분은 중3 1학기 때 배운 모든 내용을 정리하는 것입니다. 새롭게 배우는 부분은 복소수, 이원이차연립방정식, 삼차·사차방정식, 이차부등식의 4단원에 지나지 않습니다.

앞서 수학은 단계적 학습이라고 말씀드렸었는데, 앞의 단원이 충분히 숙지되지 않으면 다음 단원 학습을 할 때 원하는 결과를 얻기 어렵습니다. 그래서 선행은 지난 과정과 현행 과정에 대한 이해가 완벽하게 완료된 뒤 하는 것을 추천합니다.

간혹 상담 때 학부모님께서 아이가 초등학생 때는 수학을 잘했는데 중학교 가서 수학을 어려워한다는 고충을 토로하시기도 합니다. 그런 경우 대부분은 선행이 제대로 안 되어서가 아닙니다. 기본과정에 대한 충분한 복습과 심화학습이 제대로 이루어지지 않았기 때문입니다. 이것이 선행보다는 자기 학년의 공부에 우선적으로 충실해야 하는 이유입니다.

심화학습을 위해 교재를 선택할 때도 무조건 난이도 높은 교재를 택하기보다는, 현재 아이의 학습 진도와 상태를 고려해 적당한 문제집을 선택하는 것이 중요합니다. 아이가 지나치게 어렵다고 느끼는 교재보다는 일반 응용문제에서 좀 더 깊은 사고력을 발전시킬 수 있는 난이도의 교재가 적절합니다.

선행학습은 아이의 학습 성취도에 따라 현행과정까지 충분히 많이 반복하며 완성되었다고 판단될 때, 또 아이가 원할 경우에 무리하지 않은 선에서 진행하면 됩니다. 중학교에서는 중간·기말고사가 진행되는 내신 시험 기간에는 현행에 집중하고, 방학이나 주말 등 그 외 여유 있는 시간에 선행학습을 하는 것이 좋습니다.

'기본 개념 + 현행과정에 충실= 중등 수학을 가장 잘하는 법'

모든 학습이 그렇듯이 수학 학습법에도 완벽한 정도가 있는 것은 아닙니다. 각기 다른 개성과 성향, 장단점을 가지고 있기 때문입니다. 유행하는 무슨 무슨 학습법에 아이들을 맞추기보다는, 아이의 특성을 존중하고 배려한 방법이야말로 가장 좋은 학습법입니다.

대한민국에서 학원 수와 사교육비가 가장 높은 대치동에서 유행하는 재미있는 말이 있습니다. 아이가 원하는 대학에 가기 위해서는 '최근 치솟는 교육비를 감당할 만한 조부모님의 재력', '아빠의 무관심', '엄마의 정보력'이 필수라는 것입니다. 저는 이보다 더 중요한 세 가지를 말씀드리고 싶습니다.

첫째, 아이에게 맞는 학습법을 제대로 선별할 수 있는 부모님의 지혜
둘째, 아이가 혼자 주도적으로 본인의 사고력을 확장시키는 것
셋째, 아이가 학습을 꾸준하게 이어갈 수 있도록 기다려주며 도움을 줄 수 있는 부모님의 인내심

이 세 가지가 아이의 중학교 수학 성적과 연결될 수 있다는 점을 꼭 기억하셨으면 합니다.

〈중학교 수학 1학기 과정의 대수 구성〉

아래의 표는 중학교 대수 구성에 대한 학년별 연계표입니다. 중학교 대수는 고등학교 대수의 기초이자 고등 수학까지 연결되는 중요한 부분이므로 계속적인 반복 학습을 통해서 완전히 내 것으로 만들어야 합니다. 진도를 나갈 때 같은 색깔별로 연계되어 있는 단원끼리 공부해 나가며 적당한 교재를 선택하는 데 참고하시면 됩니다.

■ 수　■ 식　■ 방정식　■ 부등식　■ 함수　■ 확률　□ 행렬

1학기	1학년	2학년	3학년	고1 공통수학1
1	소인수분해	수와　식	제곱근과 실수	다항식
2	정수와 유리수	부등식	다항식의 곱셈과 나눗셈	방정식
3	방정식	연립방정식	이차방정식	부등식
4	그래프와 비례	함수	이차함수	순열과 조합
5	–	–	–	행렬

〈수학의 정석 기준 고1 공통수학1의 중등 수학 연계 단원과 신규 단원의 구분〉

아래의 표 중 ▦ 색깔로 칠해져 있는 부분이 고등 수학과 연결되는 중등 수학 단원이고 흰색으로 칠해져 있는 부분은 고등 수학에서 새로 등장하는 신규 단원입니다. 중등 수학과 연계된 단원들과 신규 단원들을 참고하여 심화학습과 선행학습을 진행할 때 적절한 학습 진도 계획을 세우기 바랍니다.

▦ 중등 수학연계 □ 신규 학습

1. 다항식의 연산	7. 일차·이차방정식	13. 연립방정식
2. 인수분해	8. 이차방정식의 판별식	14. 일차, 연립일차부등식
3. 항등식과 미정계수	9. 이차방정식 근과 계수의 관계	15. 이차, 연립이차부등식
4. 나머지 정리	10. 이차방정식과 이차함수	16. 경우의 수
5. 실수	11. 최대와 최소	17. 순열과 조합
6. 복소수	12. 삼차·사차방정식	18~19. 행렬의 뜻, 연산

초등 사회 학습 로드맵

일상생활과 가장 밀접한 과목, 사회

아이들은 자라면서 무수히 많은 질문을 던지게 됩니다. '같은 나라인데도 왜 문화가 다를까?', '경제 강국의 기준은 어떻게 될까?', '우리가 생활하는 데 규칙은 누가 정했을까?', '옛 조상들은 어떻게 살았을까?'와 같은 질문이 매순간마다 머릿속에서 자라납니다. 지극히 자연스럽고 올바른 성장이지요.

이렇게 문화, 경제, 사회, 역사, 지리 등과 관련된 질문들과 그에 따른 답을 구할 수 있는 과목이 바로 사회입니다. 다양한 분야를 다루는 사회 과목을 아이들이 학습해야 하는 이유는, 미래의 사회 구성원으로 성장하여 올바르게 사회를 이해하고 지식을 쌓아 사회 구성원으로서 자신의 역할을 다하기 위함입니다. 사회 안에서 나와 타인은 밀접하게 연결되어 있음을 깨닫고, 현실 세계를 살아가며 타인과의 관계를 어떻게 만들어나가야 하는지 고민하는 자세는 매우 중요합니다. 따라서 사회 과목을 학습함으로써 정치, 경제, 사회, 지리, 역사 등에서 다양한 사회적 문제를 접하며 사회적 이해를 기반으로 한 해결책을 습득해나가게 되는 것입니다.

사회는 학년별로 내용이 각각 분리되어 있지 않습니다. 고학년으로 올라갈수록 조금 더 심화된 내용으로 다룰 수는 있지만, 사회 문제 자체가 학년별 학습으로 분리되어 있지 않기 때문에 저학년 때 기초를 잘 다져놓으면 많은 도움이 됩니다.

국어, 영어, 수학처럼 주요 과목으로 여겨지는 과목은 아니지만, 우리 일상생활과 가장 밀접하게 연계된 과목이 사회인 만큼 어렸을 때부터 흥미를 잃지 않는 과목으로 만들어주는 것이 중요합니다.

폭넓은 배경지식은 어릴 적부터
독서를 통해서 쌓게 하라

저는 사회 공부를 생각하면 떠오르는 책이 있습니다. 바로 만화책 『먼나라 이웃나라』입니다. 『먼나라 이웃나라』는 단연코 어린 시절,

사회 공부에 있어 가장 효과적이었던 방법이라고 생각합니다.

국어, 영어, 수학에 이어서 또 다시 독서를 말하지 않을 수가 없습니다. '또 독서야?'라고 생각할 수 있지만 그만큼 독서가 주는 효율이 가장 크기 때문입니다. 사회 과목에서는 경제, 역사, 지리, 문화 등 사회의 다양한 문제에 대하여 다루게 됩니다. 이 과정에서 많은 자료를 읽고 분석할 수 있는 능력이 필요합니다. 이것이 바로 국어 영역에서 말했던 독해력입니다. 독해력을 가장 풍부하게 해줄 수 있는 방법이 독서라는 사실은 앞서서 수차례 강조했던 점입니다.

아이가 사회를 거부감 없이 쉽게 받아들이기 위한 독서의 한 방법으로는, 사회 관련 재미있는 만화책을 접하게 해주는 것입니다. 학습할 때 단기기억을 장기기억으로 만드는 가장 좋은 방법은 학습 내용을 '이미지화'시키는 것인데, 만화책은 학습 내용을 그림과 함께 기억할 수 있는 장점이 있어 장기기억에 매우 효과적입니다. 만화책이 가진 부정적인 면을 걱정하는 분도 있지만, 초등 저학년에게 과목별 흥미를 심어주는 데는 만화만 한 것이 없습니다. 교양 만화라면 크게 걱정하지 않으셔도 됩니다. 우리에게 『먼나라 이웃나라』가 있었듯, 지금도 질이 좋은 만화 교양서들이 넘쳐납니다. 이러한 만화책으로 사회 문제에 대한 흥미를 심어주는 것이 사회 공부를 즐겁게 만드는 첫걸음입니다.

독서를 좋아하는 아이라면 굳이 만화책이 아니더라도 다양한 사회 관련 분야의 책을 골고루 읽게 하기 바랍니다. 사회의 다양한 현상이나 문제점에 대한 배경지식을 쌓는 데 많은 도움이 됩니다. 또한 분석 능력, 비판 능력까지 향상시킬 수 있어 고학년으로 올라가면서 본인의 생각을 표현하고 발표하는 데에도 큰 도움이 될 것입니다.

책을 고를 때는 일방적으로 건네주는 것보다는 도서관에 아이와 함께 가서 아이가 좋아하는 도서를 직접 고르게 해주세요. 사회는 다양한 분야로 이루어진 과목이기에 아이가 좋아하는 세부 분야가 다 다를 것입니다. 이러한 점을 고려하여 아이가 주도적으로 선택하게 합니다. 도서관에는 신문이나 잡지 등도 구비되어 있으므로 어린이 신문이나 뉴스 등을 아이에게 직접 노출시킨 후 나중에 구독해주는 것도 좋습니다.

교과서 학습에 더해
다양한 시청각 자료를 활용하라

사회는 단순 암기 과목이 아니고, 사회 현상에 대한 전반적인 이해를 필요로 하는 과목입니다. 따라서 교과서 학습도 중요하지만 체험활동, 시청각 자료, 토론 및 협력 학습 등 아이의 집중력과 이해도를 높일 수 있는 다양한 학습법을 활용하면 좋습니다. 이는 체화와 장기기억의 측면에서 유용합니다.

    역사박물관, 유적지나 문화재 탐방 등에 직접 방문하면 교과서에서 배운 추상적인 내용을 구체화할 수 있고, 이러한 경험을 통해 지식을 체화할 수 있어 장기기억으로 보존할 수 있습니다. 또한 체험활동은 자기 탐구와 문제해결을 자신이 스스로 해야 하는 체험이므로, 자기주도 학습 능력을 높이는 계기가 됩니다.

    요즘 부모님들 중에는 사고력, 창의력을 키우기 위한 노력의 일환으로 다양한 학습적인 경험을 하게 하기도 합니다. 진정한 창의력은 아이들이 즐거울 때 키워지는 것입니다. 무엇보다 아이들이 재미있고 흥미로워할 수 있는 학습환경을 만들어주는 것이 가장 중요한 것임을 꼭 기억하시기 바랍니다.

그래도 무엇보다 교과서부터 충실해야 한다

    앞서서 사회 관련 다양한 분야의 책을 읽게 하면 좋겠다는 의견을 드렸습니다. 이와 별개로, 역시 최고의 교재는 교과서임을 다시 한번 강조드립니다.

    시중에 넘쳐나는 좋은 교재들이 많이 있지만 1순위는 교과서입니다. 교과서만큼 공신력 있고 좋은 교재는 없으므로 가장 먼저 교과서에 충실할 수 있도록 도와주셔야 합니다. 한 번보다는 두 번, 두 번보다는 여러 번 반복해서 보게 하고, 내용을 모두 숙지할 때까지 반복해야 합니다. 교과서를 빈틈없이 거의 마스터했다고 판단될 때, 자습서나 기타 다른 교재를 활용하여 배운 내용을 다시 한번 정리하고 살을 붙이는 훈련을 하는 것이 좋습니다.

많은 가정에서 저학년 때는 엄마표 학습을 이어가다가 3, 4학년이 되면 학원에 보내기 시작합니다. 아이들에게 가장 기본적으로 심어줘야 하는 인식은 '학교 수업시간이 가장 중요하다'라는 것입니다. 교과서를 중심으로 배우는 학교 수업 시간에 충실하고, 그 이후에 부족한 학습을 학원에서 보충해나가는 개념이 우선시되어야 합니다. 사회는 교과서를 통해 충실히 학습하게 된다면 학원을 다니지 않고도 좋은 성적을 올리는 경우가 많습니다. 또한 교과서 위주의 공부가 완전하게 익숙해지면 더 나아가서 중고등 단계에서도 많은 힘을 들이지 않고 고득점을 받을 수 있는 과목입니다.

교과서를 완전히 정독하지 않은 상태에서 자습서나 기타 문제집부터 시작하는 잘못된 공부 습관을 들이게 하지 마세요. 어렸을 때 학습 습관이 제대로 형성되어야 고학년이 되어서도 스스로 학습할 수 있는 원동력이 됩니다.

사회 개념과 이론은
수능 국어 비문학 지문의 대부분을 차지한다

사회 과목이 중요한 또 다른 이유는 수능 국어 과목의 비문학 지문들이 사회와 연관되어 있기 때문입니다. 대입 국어에서 비문학 파트는 생각 이상으로 수험생들이 고전하고 어려움을 겪는 영역입니다. 그 이유는 어렸을 때부터 사회 과목 영역인 정치, 사회, 경제, 문화, 지리, 환경, 역사 등의 배경지식을 충분히 접하지 못했기 때문입니다. 어릴 적부터 다양한 비문학 장르의 도서를 접하지 못하게 되면 본인 스스로 생각하는 힘을 기르지 못하게 되기 때문에, 글쓴이의 관점을 파악하기 어려울 수밖에 없습니다.

아이는 사회 과목과 관련된 내용을 읽으며 글쓴이의 관점을 이해하고 글의 요지를 파악하여 본인의 언어로 요약하는 훈련을 반복해야 합니다. 이러한 과정을 통해 문해력과 사고력, 분석력, 비판력 등이 차곡차곡 쌓아집니다. 초등 과정에서 이런 훈련을 위한 충분한 시간이 확보되지 않은 채로 중고등학교에 진학하면, 당연히 국어 과목 비문학 파트에서 점수를 받기 어렵게 됩니다. 어릴 적부터 훈련이 되지 않으면 고학년이 되어 비문학을 공부해도 단기간에 성적이 오르지 않게 되는 이유입니다.

앞서 다양한 과목에서 독해력, 문해력, 사고력 등이 중요하다고 말씀드렸는데, 사회 역시 필요한 기본 학습 능력입니다. 모든 학습은 독립적으로 분리되어 있는 영역이 아닙니다. 전혀 다른 영역인 것 같은데도 사실은 모두 유기적으로 연결되어 있습니다. 따라서 초등학생 때에는 기초를 다지는 부분에 충실하고, 무엇보다 아이의 성향에 맞는 학습으로 공부에 흥미를 잃지 않도록 하는 것이 중요하다는 점을 강조드립니다.

중등 사회 학습 로드맵

한눈팔면 발목 잡히기 쉬운 중등 사회

중학교에 입학하면 수학, 영어 등에 밀려 사회를 소홀히 할 수밖에 없습니다. 이것이 장기화되면 사회 과목에 불의의 일격을 당할 수도 있게 됩니다.

사회를 놓치기 쉬운 이유 중의 또 하나는, 영어와 수학은 학원 레벨 테스트 등을 통해 객관적 지표를 확인할 수 있는 경험을 할 수 있지만, 사회는 그러한 경험을 할 수 있는 기회가 많지 않기 때문입니다. 자신의 실력을 객관적으로 확인하지 못한 아이들은 막상 낮은 사회 점수를 받으면 당황하게 될 것입니다.

앞서 말씀드렸던 초등학생 때의 바람직한 사회 학습법을 잘 실천한 아이라면 중등 사회 역시 큰 틀에서 단절 없이 이어지는 내용들이 많아 큰 어려움은 없을 것입니다. 그러나 초등학생 때 사회 과목에 대한 충분한 이해가 없었고 이제 사회 과목 학습을 시작해야 하는 경우라면 암기와 이해 둘 다 많은 부담스러운 과목으로 인식될 수 있습니다. 특히 중등 사회는 특목·자사고 입시에서 내신 반영 과목에 들어가는 경우가 많기 때문에, 절대 소홀히 하면 안 됩니다.

그러면 초등학교 때와는 다르게 내신 준비도 해야 하는 중등 사회를 잘 하려면 어떻게 공부해야 할까요?

사회 학습에서 무조건적인 암기는 단기기억

사회 학습은 무조건 암기를 잘한다고 해서 좋은 결과를 얻기가 어렵습니다. 내용상 '흐름'을 먼저 이해하고, 전체적인 맥락 안에서 세부사항을 짚어나가는 방향으로 학습이 이루어져야 합니다. 즉 '숲을 먼저 보고 나무를 보는 공부'가 중요합니다.

사회 공부를 할 때는 소단원, 중단원, 대단원을 먼저 확인합니다. 단원별로 어떤 흐름과 학습 목표를 가지고 있는지, 그리고 전체적으로 어떤 관계로 연결되어 있는지를 파악합니다. 그다음으로는 현재

학습하고 있는 단원의 제목을 공부 시작 전에 꼼꼼하게 살펴볼 필요가 있습니다. 살펴보면서 어떠한 내용이 핵심일 것인지를 먼저 생각해봐야 합니다.

사회는 지리, 역사, 일반사회 등의 영역으로 나뉘어집니다. 영역별 학습법이 다르므로 같은 학습법을 적용해서는 안 됩니다. 예를 들어 지리는 처음 접하는 지리적 용어와 기본 개념이 많이 등장하기 때문에, 각 개념에 대한 정확한 이해가 선행되어야 합니다.

역사는 시대적 흐름을 파악하는 것이 매우 중요하기 때문에, 용어나 정의보다는 전체적인 흐름을 먼저 이해하는 것이 좋은 결과를 얻습니다.

일반사회는 시대적 역사 속에서 일어난 사건이 인간관계와 사회문화적으로 어떤 영향을 미쳤는지 등, 상호적인 연결 선상에서 흐름을 파악하는 것이 무조건적인 암기학습보다 효율적입니다.

이렇게 전체적인 흐름을 이해하는 학습 위주로 공부를 하고, 동시에 필수 용어와 개념을 나만의 노트에 정리하며 암기해나간다면 장기기억으로 저장될 수 있는 유익한 학습이 될 것입니다.

중1, 그리고 방학 때는 문해력 확장의 시간

모든 학습의 기본기가 독해력, 문해력에서 시작된다는 말은 아이의 학교생활 내내 빠질 수가 없습니다. 내신이 치러지는 중학교 입학 후에는 초등학교 때보다 독서에 할애할 시간이 없다고 생각할 수도 있습니다. 그러나 아직까지는 독해력과 문해력을 독서로 키울 수 있는 시기입니다. 특히 언어 발달의 마지막 시기라고 말하는 중1(13세)까지는 초등학교에 이어 많은 양의 독서를 할 수 있는 환경을 만들어 주길 바랍니다. 내신 시험이 중간중간에 치러지는 중2, 3 때는 방학 때 틈틈이 비문학 위주의 독서를 권합니다.

암기 학습을 피할 수 없는 사회에서, 지리, 역사, 정치, 경제, 사회 등 각 과목 영역에 나오는 개념과 자주 등장하는 용어들은 암기 이전에 내용 이해가 선행되어야 합니다. 독서를 많이 해서 배경지식을 충분히 쌓고 있는 아이라면, 그동안의 축적된 내적 배경지식으로 좀 더 효율적인 암기 학습을 할 수 있습니다.

아이가 원하는 학습법으로 접근하게 하라

초등 학습법에서도 말씀드렸지만 중학생 때는 더더욱 아이와 소통하지 않은, 엄마가 일방적으로 원하는 학습법이 되어서는 안 됩니다. 사회에 대해 제가 여태껏 바라본 가장 잘못된 태도 중 하나는, 사회 과목은 중요도가 낮으니 평소에는 사회 관련 독서나 체험을 하지 말라고 하는 것입니다. 이런 생각을 가진 부모님들은 내신 시험기간에만 사회 공부를 하도록 유도하기 때문에, 아이들이 평소 사회에 더 소홀히 할 수밖에 없습니다.

사회야말로 사회생활과 밀접한 관계를 갖는 기본 학문입니다. 시간과 여건이 허락한다면 엄마가 이끌어주는 학습보다는 아이가 주도적으로 본인에게 맞는 학습계획과 진도계획을 가지고 학습해나가게 해야 합니다. 다양한 사회 체험을 통해서 사회 현상에 대해 살아있는 지식을 경험하도록 지원해주시길 바랍니다. 일상에서 접했던 사회, 경제 용어를 교과서에서 접한다면 더욱 흥미를 가지고 수업에 집중할 것입니다. 아이가 도움을 필요로 할 때 조력해주는 형태가 장기적으로 바람직한 교육 방향입니다.

초등 과학 학습 로드맵

혁신 인재를 위해 이제는 과학이 중심이 되다

초등학교에서는 실질적으로 3학년이 되면 본격적인 과학 수업을 시작합니다. 4차 산업혁명 시대를 맞이하여 하루가 다르게 세상은 급변하고 있습니다. AI(인공지능)는 우리 삶 속에서 새로운 혁신 기술로 자리매김하고 있고, 전 세계 과학기술 부분에서 최고의 우위를 점하기 위해 앞다투어 경쟁하고 있습니다.

과학은 우리의 일상생활과 사회 전반에 걸쳐 매우 중요한 역할을 하고 있습니다. 과학을 제대로 이해하고 미래의 융복합적 문제에 대응하기 위해, 그리고 실생활에서 아이들의 문제해결력과 창의성을 키우기 위해서 초등 교육과정에서의 과학 학습은 매우 중요합니다. 하지만 이때 잘못된 과학 학습으로 인해, 과학이라는 과목이 어렵고

무거운 공부라는 인식을 가지게 되는 경우도 많습니다. 처음부터 과학은 '세상의 이치를 풀어가는 재미있는 공부'라는 인식을 심어주는 것이 우선시되어야 합니다.

아이들은 어렸을 때 본인이 만나는 다양한 사물과 현상에 호기심과 궁금증을 가질 수 있습니다. "우리나라는 왜 사계절이 있을까요?", "낮과 밤은 왜 생기는 것일까요?", "이상기온이 생기는 이유는 무엇일까요?", "해수면은 왜 상승할까요?" 등등의 호기심으로 가득합니다. 아이들의 호기심을 자극하는 사소한 질문을 통해 탐구심을 가지고 과학 수업을 접하게 한다면, 과학 과목에 대한 어려움이나 큰 부담 없이 자연스럽게 수업에 빠져들게 할 수 있을 것입니다.

앞서 주요 과목 및 사회에서도 독서를 강조했지만, 과학 역시 독서를 배제하고는 더 중요한 학습법이 있다고 말씀드리기가 어렵습니다. 과학 현상을 이해하고 원리를 탐구·분석하는 모든 학습 과정은 결국 독해력과 무관하지 않습니다. 원리와 내용을 뒷받침해주는 배경지식은 아이가 그동안 읽은 책의 양과도 밀접한 관계가 있기 때문에 독서는 기본으로 생각해주시길 바랍니다. 이 외에 다양한 과학 학습 방법을 살펴보겠습니다.

다양한 체험은 살아있는 지식을
쌓을 수 있는 기회

매번 교과서나 책으로만 접하는 과학 이론은 아이에게 장기기억으로 구조화시키기에는 어려움이 있을 수 있습니다. 실제로 아이가 만져보고 눈으로 확인하는 체험을 해보는 형태의 학습을 최대한 많이 접하면, 과학 학습에 훨씬 긍정적인 효과를 줍니다.

저학년 때는 그림이나 아이들이 좋아하는 교구를 활용하여 실제 주위에서 일어나는 과학 현상을 자연스럽게 이해할 수 있도록 해주시길 바랍니다. 또한 쉽고 재미있는 과학 놀이학습이 많은데 이를 통해 아이가 흥미를 느끼게 해주셔야 합니다. 살고 있는 지역 곳곳에는 여러 종류의 박물관, 생태체험관, 천문관, 로봇 전시회 등 다양한 과학 관련 체험관이 있습니다. 이를 직접 찾아보고 아이를 데려가 과학에 쉽게 접근할 수 있게 해주시기 바랍니다.

또한 과학과 관련해서는 교내 과학의 날 행사, 과학 실험 동아리나 방과 후 실험 활동, 로봇 경시대회, 코딩대회, 영재원 등 학교를 통해 다양한 체험 기회를 잡을 수도 있습니다. 이러한 기회는 정보를 먼저 아는 사람에게 주어지기에, 꾸준히 교내외 활동을 찾아보면서 최대한 많은 과학적 경험을 시켜주기 바랍니다. 이러한 경험이 계기가 되어 아이가 과학 분야에 대한 진로를 구체화시킬 수도 있습니다. 과학 기술의 중요성이 가장 대두되는 21세기에 과학 인재로 자라나는 길이야말로 가장 유망한 길일 수도 있지 않을까 싶습니다.

과학일기, 탐구 보고서를 써보자

저학년의 경우 그림이나 교구 및 키트를 활용하면서 과학적 지식을 습득하고 창의력을 발전시킬 수 있습니다. 이때 공부한 내용을 과학일기로 쓰게 해보는 경험은 아이의 사고력까지 확장시킬 수 있어 큰 도움이 됩니다.

과학 탐구 보고서 또한 학습효과가 매우 높은 학습법인데, 과학실험을 이론으로 공부할 때보다 입체적으로 학습할 수 있기 때문입니다. 직접 진행해본 과학실험에 대한 과정을 실험 결과까지 작성해보는 과정을 통해 어떤 과정에서 오류가 발생했는지 등을 정리해볼 수 있습니다. 또한 이렇게 검증하는 과정을 통해, 논리적인 사고와 분석력까지 갖출 수 있어 융합적인 아이로 성장할 수 있는 밑거름이 됩니다.

보고서 작성에 대해 처음에는 부담을 가질 수 있습니다. 시작은 어렵지만 한두 번만 해보면 금방 익숙해질 수 있습니다. 탐구 보고서를 쓰는 방법은 다음과 같습니다.

① 학습 목표와 탐구 주제를 정합니다.
② 주제에 맞는 탐구 방법 및 가설을 설정합니다.
③ 계획된 방법대로 탐구하며 과정을 기술합니다.
④ 탐구 결과를 기록합니다.
⑤ 오차가 발생했으면 발생 이유를 찾고, 원하는 결과가 나올 때까지 다시 ②번으로 돌아가 과정을 반복합니다.
(*시간이 되면 실험을 여러 번 반복하여 결과에 대한 신뢰도를 높입니다)

탐구 및 실험 과정은 장황하게 설명을 나열하기보다는 간단명료하게 각 단계를 진행하면서 끊어서 기술하는 것이 좋습니다. 만일 그 단계에서 참고 자료, 그래프, 도구, 재료 등이 필요할 경우, 내용에 대한 세부적인 그림을 그리게 하여 좀 더 실험 내용에 대한 이해를 높이는 것도 좋은 방법입니다.

결과를 작성한 후에는, 아이가 실험을 하면서 느낀 점이나 본인이 쓰고 싶은 생각 등을 자유롭게 표현하게 하세요. 이러한 과정에서 탐구학습의 의미와 다음번에 학습할 방향에 대해서도 생각해볼 수 있고, 체계적으로 정리하는 과정을 통해 과학적 사고가 한 층 더 발전할 것입니다.

아이들은 초등학생 때 기본적인 주요과목을 학습하고 중고등학교에 진학하여 궁극적으로 대입을 목표로 공부하게 됩니다. 주요과목인 국어, 영어, 수학이 중요하고 사회, 과학, 예체능 등은 기타과목으로 받아들이던 예전과는 다른 시대입니다. 현재 첨단 과학기술과 인공지능 등의 혁신기술은 전 세계적으로 매우 중요한 국가 경쟁력의 지표가 되었습니다. 그 중심에 과학이 있습니다. 따라서 과학은 흔히 이야기하는 주요과목(국어, 영어, 수학) 이상으로 중요한 영역으로 자리매김했습니다.

미래에 모두가 인정받는 인재로 성장하기 위해 과학 과목 학습은 매우 중요하기에, 아래의 세 가지 학습법을 강조해주세요.

① 이론학습과 병행
② 폭넓은 실제 체험학습 기회를 제공
③ 과학실험 및 탐구에 대한 일기나 보고서 작성

이 세 가지 학습법이 조화가 될 때, 아이가 살아있는 과학적 지식을 쌓음과 동시에 과학적 사고를 더욱 확장시킬 수 있게 될 것입니다.

중등 과학 학습 로드맵

문이과 모두 배제할 수 없는 중등 과학

중학교에 입학한 후 초등학교 때와는 다르게 과학 과목을 아이가 많이 어려워한다는 말씀을 부모님들이 많이 합니다. 초등학교 과학 수업 시간에 배운 내용과 전혀 상반되는 내용을 배우는 것도 아닌데 왜 아이들은 중등 과학을 어렵다고 느낄까요?

우선 초등학교 때는 과학 수업이 실험이나 체험, 관찰 등 직접 눈으로 보고 확인하며 흥미를 잃지 않도록 재미있게 학습하는 과정으로 구성되어 있습니다. 반면 중학교 수업은 과학의 원리나 개념을 주로 이론을 통해 학습해야 합니다. 그 이론은 눈에 보이지 않는 추상적인 내용을 많이 포함하고 있어 과학적인 사고력을 필요로 합니다.

초등학생 때 바람직한 과학 과목 학습법으로 추천드렸던 과학 관련 도서를 충분히 읽었거나, 체험학습의 기회가 많아 과학 정보들이 아이의 장기기억력에 구조화되어 있다면 중학교 입학 후에도 큰 어려움 없이 해나갈 수 있을 것입니다. 하지만 단순 암기에 의존하는 학습 습관이 몸에 배어 있는 학생이라면 난이도가 상승한 중학교 과학이 어렵게 느껴질 수 있습니다. 이러한 이유로 결국 과학이 공부하기 싫은 과목으로 밀려날 수도 있습니다.

예전 교육과정에서는 수학, 과학이 싫으면 포기하고 문과로 방향을 돌려서 과학 대신 사회를 선택하기도 했습니다. 또는 국어나 영어 등 다른 과목에서 좀 더 점수를 만회하는 전략을 세워서 이에 유리한 대학을 지원하는 경우도 있었습니다. 그러나 최근 개정된 교육과정은 문이과 구분이 없는 통합교육 과정으로 인해, 통합과학 성적이 낮으면 전체적인 내신 성적이 낮아지는 구조입니다. 원하는 대학에 합격하기 위한 경쟁구조에서 우위를 점하는 데 불리할 수 있습니다. 또한 전 세계적으로도 자연계열 출신 인재들을 선호하는 트렌드 때문에, 각 대학의 과학 과목 반영비율은 주요 과목만큼이나 높아졌습니다. 과학은 싫어한다고 배제시킬 수 있는 과목이 아니라 필수적인 교과입니다.

나만의 개념노트를 만들어
주요 개념과 원리들을 정리하라

　중학교 입학 후에는 내신 시험을 치러서 객관적인 점수로 여러 차례 평가를 받아야 합니다. 그러므로 초등학교 때 재미있는 실험, 체험 위주로 공부했다면 중학교 때는 좀 더 체계적이고 구체적으로 공부해야 합니다. 일단 시험에 나오는 주요 개념이나 원리 등 어려운 용어는 과학노트를 만들어 정리해놓는 것이 반복 학습을 위해서도 큰 도움이 됩니다.

　특히 과학은 수학처럼 기초 단계의 개념, 원리 등을 완전히 이해해야 다음 단계 학습을 이해할 수 있습니다. 그러므로 내가 알고 있는 내용들을 꼼꼼하게 점검하고 정리해보며 다음 단계로 나가는 학습이 중요합니다. 이렇게 한번 정리한 과학 개념노트는 시험 때나 수행평가 등 반복적으로 학습 내용을 확인할 때 요긴하게 활용할 수 있는 무기가 되기도 합니다.

자료 분석은 필수

과학 문제는 다양한 실험 과정 및 결과를 바탕으로 하여 그림, 그래프, 도표 등이 제시됩니다. 이런 자료들을 제대로 분석했는지를 묻는 문제가 대부분입니다. 또한 실험의 목표, 과정, 결과가 나오기까지 모든 과정을 제대로 이해하고 있는가를 묻는 문제들도 단골 시험 문제입니다. 기본 개념이나 용어 등은 개념노트 등을 통해 반드시 암기해야 하며, 실험과 관련된 응용 문제들을 풀어보며 모든 과정을 빈틈없이 이해하고 있는지를 확인해야 합니다.

모든 과목이 그렇겠지만, 과학 역시 수학처럼 많은 문제를 풀어보는 것이 도움이 됩니다. 결국 여러 유형의 문제를 많이 접해보고 개념과 오답을 꾸준히 반복해나가는 습관을 들일 수 있게 하길 바랍니다.

과학 과목에서 문제해결력은 꼭 필요한 역량입니다. 과학도 오답노트를 만들어서 빈번하게 출제되거나 자주 틀리는 문제들을 자신만의 방법으로 정리하면 아주 특별한 교재로 활용할 수 있습니다.

가벼운 관찰일지를 꾸준히 작성하라

　과학은 일상생활과 주변에서 일어나는 현상을 연구하는 학문인 만큼, 주변의 현상에 대한 지속적인 관심을 가지고 관찰일지를 쓰거나 관련 도서를 읽으며 과학적 사고를 꾸준히 넓혀갈 수 있도록 지원해주시기 바랍니다. 중학생이 되면 실험일지나 보고서를 써야 한다고 할 때 아이가 부담을 느낄 수도 있습니다. 부모님이 이럴 때 어렵게 생각하지 말고 주변의 작은 현상에 대한 내용을 간단히 적게 지도해주면 됩니다.

　집안에서 키우는 식물의 성장, 요리를 할 때 일어나는 화학적 변화, 운동을 하고 몸을 움직일 때 작용하는 물리적 원리 등 사소한 것이라도 좋은 소재가 될 수 있습니다. 일상생활에서 볼 수 있는 자연스러운 현상에 대해 의문을 가지고 관찰·기록하면서 아이의 생각을 논리적으로 정리하게 하는 습관을 만들어주시기 바랍니다. 부모님이 같이 참여한다면 과학적 지식 향상 외에도 청소년기에 접어드는 아이와 소통의 장이 될 수 있습니다.

　또한 계속 강조하지만 과학 분야의 다양한 도서와 뉴스, 잡지를 꾸준하게 읽게 해주시기 바랍니다. 초등학생 때 만화책으로 재미있게 읽은 과학 원리는 커서도 잊혀지지 않듯이, 무조건적인 암기나 단순

이해와 달리 흥미를 가지고 읽은 과학 도서의 내용은 과학적 배경 지식을 풍부하게 유지해줍니다.

　마지막으로, 지난 국어, 영어, 수학, 사회 학습법, 그리고 초등 과학 학습법에서도 공통으로 빠뜨리지 않고 강조했던 학습이 독서였습니다. 중등 과학 학습에 있어서도 여전히 독서는 간과할 수 없는 중요한 학습법입니다. 독서는 수능까지의 모든 학년별 모든 과목에 공통으로 적용되는 필수 요소임을 잊지 마시기 바랍니다.

쉬어가기
물의 끓는점은 100도

과학 중에서도 저의 전공은 화학입니다. 수업 시간에 많이 했던 말 중 하나가 "물은 100도가 되어야만 끓습니다"였습니다. 아이들을 상담하다 보면 지금까지 열심히 했는데도 성적이 오르지 않는다고 한탄하거나, 포기하려는 모습을 보이는 경우가 종종 있습니다. 정말 열심히 했는데도 성적이 오르지 않는다면, 물이 끓을 때까지의 과정을 생각해보면 어떨까요.

물은 열을 가해도 금방 끓지 않습니다. 물은 99도가 아닌 100도가 되어야 비로소 끓게 됩니다. 과학적으로 그 이유는 물의 비열이 크기 때문입니다. 비열이 크기 때문에 열을 가했다고 해서 금방 끓지 않고, 서서히 온도가 올라 100도가 돼서 끓게 되는 것입니다. 그럼, 지금 우리 아이의 공부 온도는 몇 도일까요. 공부를 열심히 하는데도 성적이 크게 오르지 않는다면, 아이의 현재 온도가 99도일 수도 있습니다. 물이 끓기 바로 전이라고 생각할 수 있는 것이지요.

물이 끓기까지, 즉 온도가 100도로 되기까지를 '공부 내공을 쌓고 있다'라고 생각해보면 어떨까요. 그러나 이 과정에서 절대 착각하지 말아야 할 것이 있습니다. 정말 열심히 공부하고 있는지를 냉정하게 판단해야 합니다. '나는 열심히 하고 있는데 왜 성적이 오르지 않을까…'로 고민하고 있다면 정말 열심히 하고 있는지부터 이야기해주세요. 아이의 공부 온도가 100도인지 99도인지 50도인지 확인하고 그에 맞게 방향을 잡아주세요. 내 아이 공부 온도와 딱 맞도록 부모님이 옆에서 잘 지켜보며 지도해주신다면, '입시 결과의 온도' 역시 펄펄 끓는 100도가 될 것입니다.

5장

하나고 진학부장을 하며 깨달은,

공부 잘하는
아이들의 비밀

전교 1등, 모범생에게는
무슨 비결이 있을까?

기초가 되지 않으면 우수한 전략도 의미 없다

저는 하나고 진학부장부터 시작하여 지금의 입시연구소를 운영하기까지 입시 상담 20여 년의 기간 동안 수만 명의 학부모님, 아이들과 상담을 해왔습니다. 그러다 보니 학부모님들과 학생들이 공통적으로 많이 하시는 질문들이 있습니다. 입시에 대한 이야기, 학교생활에 대한 이야기, 학원에 대한 이야기는 모두 아래의 질문으로 귀결됩니다.

"선생님, 혹시 우리 아이가 공부를 잘하는 방법이 있을까요?"
"선생님, 저는 나름 열심히 하는데, 성적이 안 올라요. 성적을 올리는 특별한 방법이 있나요?"

저는 이런 말을 들으면 항상 이렇게 되묻습니다.

"어머님, 혹시 우리 아이가 열심히 하고는 있나요?"
"친구야, 너가 생각하는 열심히란 무엇이라고 생각해?"

공부를 잘하는 전략은 다양합니다. 하지만 가장 중요한 것은 기초가 탄탄해야 전략이 성공할 확률이 높다는 것입니다. 공부에서의 기초란, 아이들이 평소에 열심히 공부하려는 의지가 있는지를 의미합니다.

2002년, 월드컵 4강 신화를 이룬 거스 히딩크 감독은 우리 선수들에게 가장 부족한 점이 기술이 아닌 기초 체력이라고 했습니다. 기초 체력이 되지 않는다면 아무리 우수한 전략을 세운다고 해도 승리를 기대하긴 어려울 것이라는 생각에서 기초 체력 다지기에 우선 집중했고, 이 생각은 4강의 원동력이 되었습니다. 우리 아이에게 기초란 열심히 공부하려는 자세입니다. 열심히 공부한다는 전제가 되어야 비로소 전략이 필요한 것입니다.

하지만 이 전제가 잘 깔려 있는지 객관적으로 바라보지 못하는 경우가 많습니다. 과연 우리 아이는 정말 열심히 하면서 성적 급상승의 기적을 바라는 것일까요? 아이가 생각하는 열심히 공부한다는 것은 어떤 모습일까요? 책상에 앉아 있는 시간이 많은 것일까요, 아니면 매일 과목별 플래너를 열심히 짜는 것일까요? 제가 수많은 학생을 만나며 깨달은 '열심히 하는 학생의 모습'이란 다음과 같습니다.

① 계획만 세우는 것이 아니라, 구체적 실행으로 옮기는 모습

② 자신에게 방해가 되는 요소들을 리스트에 적고 이를 꼭 차단하려고 하는 모습

③ 수업에 집중하기 위해 항상 앞자리에 앉아서 공부하는 모습

④ 수업 시간, 쉬는 시간, 식사 시간 구분 없이 남들보다 학습량을 늘려가는 모습

⑤ '내가 이 문제에 질 수 없다'라는 각오로 답안을 보지 않고 끝까지 풀어내려는 모습

⑥ 공부하는 시간이 많아 바지가 다 해져, 3년 동안 바지만 일고여덟 벌을 산 모습

실제로 봐온 아이들의 모습입니다. 이렇게 뼈를 깎는 노력이 있어야 목표를 이룰 수 있습니다. 뒤처져 있는 아이들에게 성적 급상승의 기적이란 객관적으로는 쉽지 않은 것이 사실입니다. 그러나 절대 불가능한 것이 아닙니다. 성적 급상승의 기적을 이루어낸 학생들의 모습이 다양하게 회자되고 있으니까요. 어려서부터 제대로 다잡는다면 내 아이가 이루게 될 시기는 그만큼 더 빨라질 것입니다.

이번 장에서는 20여 년간 아이들을 보면서 깨달은, 공부 잘하는 아이들의 생활을 몇 가지로 정리해보았습니다. 읽으면서 내 아이에게 맞는 공부 환경을 세팅해주시고, 공부에 있어서 기본적인 자세를 잡도록 해주시기 바랍니다.

환경 : 공부는 집중이 가장 잘 되는 곳에서

아주 기본적인 이야기이지만 다른 사항보다도 먼저 말씀드리고 싶은 조언입니다. 공부는 집중이 가장 잘 되는 곳에서 하는 것이 좋습니다. 각자 집중이 잘 되는 곳은 다를 것입니다. 누구는 스터디카페일 수도 있고, 누구는 독서실일 수도 있고, 도서관이나 집일 수도 있겠지요. 정말 단순하고 누구나 다 아는 이야기일 수 있지만, 가장 중요한 이야기이기도 합니다. 공부를 하기 위한 기본 환경이 조성되어 있어야 자세가 쉽게 잡히기 때문입니다.

아이가 집에서 공부를 안 한다고 걱정하신다면, 일단 집의 환경이 어떤지를 생각해볼까요? 눕고 싶은 침대, 좋아하는 프로그램이 나오는 TV, 인터넷과 게임의 창고 컴퓨터 등 공부에 방해가 되는 요소들로 가득합니다. 이런 것들이 미치는 영향력이 적고 공부 자세가 갖춰져 있는 아이라면 상관없지만, 만약 공부에 방해받는 모습이 보인다면 장소를 바꿔볼 필요가 있습니다.

스터디카페나 독서실에서 공부하며 공부에 방해되는 요소를 최대한 제거한 환경을 만들어보세요. 혹은 아이의 방을 오로지 공부할 수 있는 공간으로 꾸며도 좋습니다. 만약 스터디카페 등에 보내는 경우에는 보낸 것으로 끝내지 말고 친구와 함께 가는지 등도 체크해보세요. 좋은 효과보다 오히려 방해가 될 수도 있습니다. 아이가 친구들과 같이 노는 것을 더 좋아한다면 오히려 스터디카페는 놀이를 위한 공간이 될 수도 있습니다. 이럴 때는 친구와 같이 스터디카페에 다니는 것이 역효과를 불러올 수도 있습니다.

제가 상담했던 고등학교 1학년 학생 중, 공부를 아주 열심히 하는 모범적인 아이인데 집에만 오면 아무것도 하기 싫어지고 침대에 눕고만 싶어진다고 말하는 여학생이 있었습니다. 집에 있는 휴일에는 책을 한 번도 펼치지 않고 침대에 누워있는 시간이 계속되었고, 상위권이었던 성적은 점점 떨어졌습니다. 하루는 침대를 없앴는데 침대가 없어지니 이제는 소파에 누워있다고 하며, 어머님은 집안 환경보다 아이의 마음가짐이 더 문제인 것 같다고 했습니다.

그렇다고 소파까지 없앨 수도 없는 이런 상황에서 저는 제안 하나를 했습니다. 귀가 후에 씻지 말고, 교복을 입은 채로 책상에 앉아 그날 마무리하지 못한 과목을 정리하는 시간을 가져보자는 것이었습니다.

누구에게나 집은 편안한 안식처입니다. 그러니 집에 오면 몸과 마음이 느슨해지고 해이해지기 마련입니다. 이럴 때는 아이에게 있어서 약간 통제적인 교복이 도움이 되기도 합니다. 이 여학생 역시 이 방법을 한 달간 꾸준히 실천하니 집중력이 다시 오르게 되었습니다.

공부는 집중이 잘 되는 곳에서 해야 한다. 어떻게 보면 정말 기본적인 이야기입니다. 하지만 막상 이를 지키기는 쉽지 않습니다. 공부를 잘하던 아이라도 이러한 점은 한순간에 성적을 망칠 수 있는 길이기도 합니다. 부모님이 관심을 가지고 살펴봐야 하는 점입니다. 집안 환경 외에 내 몸과 마음가짐의 환경도 조금씩 바꿔본다면 더 좋은 결과를 기대할 수 있을 것입니다.

학습 ① : 약한 과목은 시간을 지정해서 반복적으로 꾸준하게

한 반에 있는 학생들을 상담하다 보면 다음과 같은 이야기들을 많이 합니다.

"선생님, 저는 수학과 과학은 공부하는 것이 재미있는데 국어와 영어는 재미도 없고 성적이 잘 안 나와요. 그런데 시은이는 모든 과목을 잘해요. 참 똑똑한가 봐요. 전 어떻게 하죠?"

또래 중에 전 과목을 골고루 잘하는 친구가 있다면 유독 부러워하곤 합니다. 하지만 처음부터 완벽한 학생은 많지 않습니다. 이는 약한 과목에 좀 더 시간을 투자하는 등의, 보이지 않았던 엄청난 노력의 결과입니다. 중학생이 되고부터는 부족한 과목이 점점 더 보일 것입니다. 부족한 과목의 실력을 향상시키기 위해서는 다음을 꼭 주지 시키기 바랍니다.

① 약한 과목 공부에 투자하는 시간을 더 많이 늘려라

구체적으로 말씀드리면, 약한 과목은 매일 시간을 정해서 그 시간 만큼은 무조건 그 과목을 공부하게 지도합니다. 수학과 과학을 좋아 하는 학생은 그냥 두어도 수학과 과학은 본인 스스로 알아서 잘합니다. 그러나 싫어하는 과목은 공부가 재미없으니 잘 하지 않게 됩니다. 과목의 편중이 발생하는 셈입니다. 한쪽으로 심하게 기울어지는 공부는 독이 될 수 있습니다.

어떤 과목을 싫어해서 성적이 잘 나오지 않는다면 특정 시간을 그 과목에 할당하여 그 과목만큼은 미루지 말고 꾸준히 공부해야 합니 다. 중학생 때까지는 이러한 습관이 잡혀 있어야 고등학교에 가서 약 한 과목에 발목잡히지 않을 것입니다.

② 개념 또는 단원별로 부족한 부분을 체크하라

약한 과목은 개념 또는 단원별로 부족한 부분의 우선순위를 체크 하게 합니다. 아이와 머리를 맞대고 각 단원에서 어디가 부족한지를 구체적으로 파악합니다. 예를 들어 아이가 중학 수학에서 '이차함수', '이차방정식', '다항식의 곱셈과 인수분해' 순으로 약하다고 가정해보 겠습니다. 그러면 다음과 같은 식으로 반복 학습을 해야 합니다.

① 이차함수 1차 공부 → ② 이차방정식으로 들어가기 전, 이차함수를 한 번 더 보기(2차 공부) → ③ 이차방정식 1차 공부 → ④ 다항식의 곱셈과 인수분해를 들어가기 전에 이차함수 한 번 더 보기(3차 공부) → ⑤ 이차방정식 한 번 더 보기(2차 공부) → ⑥ 다항식의 곱셈과 인수분해 1차 공부

보시면 제일 부족한 이차함수는 세 번에 걸쳐서 반복 학습을 하고 있습니다. 이런 순환 과정을 통해 부족한 부분의 실력이 자연히 올라가면서도 다음 단계의 공부까지 가능해집니다. 반복 공부를 통해 개념을 익숙하게 만들면 아이의 자신감도 반복할 때마다 올라갈 것입니다.

학습 ② : 플래너, 학습 계획의 시작

플래너를 쓰며 공부 의지를 다지는 아이들이 많습니다. 플래너를 쓰는 것은 학습을 시작하기 위한 첫걸음입니다. 플래너에 쓴 계획을 실행하는 것은 자신과의 약속을 지키는 일과 같습니다. 또한 플래너는 학습 계획을 정해진 시간 동안 끝내고자 허투루 시간을 보내지 않고 공부에 더욱 집중하게 만들어주는 장점이 있습니다. 그럼 플래너를 세울 때 중요한 것은 무엇일까요?

① '**그날 세운 학습 계획은 그날 끝낸다**'라는 생각으로 계획을 세우는 것이 중요합니다. 물론 처음에는 시행착오가 있을 수 있습니다. 너무 많은 양의 학습 계획을 세웠다가 다 끝내지 못하거나, 반대로 너무 적은 양의 학습 계획을 세웠다가 일찍 끝나는 상황들입니다. 그러나 그렇게 며칠을 해보면 하루에 끝낼 수 있는 분량이 어느 정도인지 대략 예상이 가능합니다.

② **플래너로 계획을 세울 때는 '월 단위, 주 단위, 일 단위'**로 세우는 것이 좋습니다. 국어 과목을 예로 들면, 1월 달에는 문학 파트를 공부하는 것을 큰 목표로 삼습니다. 그리고 주 단위로 나눠 첫 주는 문학 파트 중에서도 고전문학, 둘째 주는 현대문학 등으로 구분해서 목표를 세웁니다. 마지막 일 단위에서는 고전문학 중에서도 어떤 작품을 공부할지를 더 구체적으로 세워나갑니다.

〈월, 주 단위 플래너 예시〉

1월의 목표				
수학	수학1- 지수와 로그함수	주	단원	공부할 것
		1주	지수	개념원리(수1) Rpm(수1) ebs 인강 듣기 수(상) 기출복습
		2주	로그	
		3주	상용로그	
		4주	지수함수	

		주	단원	공부할 것
과학	통합과학- 환경과 에너지	1주	생태계와 환경-생태계의 구성요소	자이스토리 완자 오답정리
		2주	생태계와 환경-에너지의 효율적 활용	
		3주	발전과 신재생에너지-전기에너지	
		4주	발전과 신재생에너지-다양한 신재생에너지	

		주	단원	공부할 것
국어	문학	1주	고전시가	ebs 수능국어 인강 듣기 자이스토리 고전시가 ebs 수능특강
		2주	현대시	
		3주	고전소설	
		4주	현대소설	

		주	단원	공부할 것
영어	수능 필수 영단어 영어 유형별 독해 연습	1주	빈칸 추론, 함축의미 추론(수능 필수 영단어 100개)	ebs 수능특강 윌마스터 수능2000
		2주	어법, 글의 순서(수능 필수 영단어 100개)	
		3주	어휘, 문장 삽입	
		4주	요약문 완성	

〈일 단위 플래너 예시〉

	10일(수)	달성 여부	11일(목)	달성 여부
7~8시	수학-함수의 극한	O	생명-멘델의 유전법칙	O
8~9시			물리-파동	O
9~10시	국어-ebs 고전문학	O	영어-동명사	

플래너는 공부 잘하는 습관의 가장 중요한 첫걸음입니다. 아이의

플래너를 함께 점검하며 학습 목표량과 달성 여부를 파악하게 해주세요.

학습 ③ : 내신 고득점의 비결, 학교 수업에 우선적으로 집중

대입이 끝나고 나면 학부모님 사이에서 '이웃 아이는 어디 대학에 합격했다더라', '내신 공부는 이렇게 했다더라', '문제집은 어떤 것을 봤다더라' 등 많은 이야기들이 오르내리고는 합니다. 부모님들은 여러 학생들의 공부 방법이 궁금해 다양한 루트를 통해 정보를 입수하려고 하십니다. 내신 만점을 받은 학생들이 이구동성으로 하는 이야기들이 있습니다.

"내신을 잘 받은 특별한 비결은 없고요. 우선 학교 수업에 충실했고 교과서 중심으로 공부했습니다."

다소 식상한 말이라서 기운이 빠지셨나요? 그런데 이 말은 그만큼 '기본에 충실한 학생이 결국 원하는 목표를 이룬다'라는 진리를 입증한 셈이지요. 이런 경험담이 증명하듯, 어려서부터 학교 수업과 교과서를 제쳐두고 다른 교재나 학교 수업 이외의 학습을 더 우선시하는 것은 바람직하지 않습니다. 학교 수업에 우선 집중하고, 교과서를 1순위로 정독해서 기본 개념과 이론을 완벽하게 학습해야 합니다. 그 후에 기타 자습서나 문제집을 추가하여 공부하는 식으로 공부가 이루어져야 합니다. 고득점의 비결 역시 이러한 방식으로 개념과 중요한 점을 정리한 후 문제풀이에 응용해가는 식으로 이루어집니다.

공부 잘하는 학생들의 특징을 보면 무엇보다 학교 수업에 우선적으로 집중합니다. 학교 수업에 집중한다는 것은 어떤 중요한 의미가 있을까요?

① 예습을 통해 이미 공부했던 내용을 수업 시간에 다시 한번 점검하는 의미가 있습니다.
② 수업 시간 중에 선생님이 특히 강조하는 부분이 시험에 출제되는 경우가 많습니다.
③ 수업 시간에 집중하지 못하면 결국 따로 혼자 학습하는 시간이 추가로 필요합니다.

학교 수업에 충실하지 못하는 아이는 위 세 가지를 모두 놓치게 되는 것입니다. 학교 수업을 등한시하면 나중에 혼자 학습할 시간이 추가적으로 더 필요해지며, 수업 시간에 선생님이 강조한 부분을 놓칠 수 있어서 고득점을 받기 어려울 수 있습니다. 시험문제를 출제하는 분은 학교 선생님이라는 점을 상기시켜주시기 바랍니다.

학습 ④ : 점수 목표가 아닌, 구체적인 개념 목표

어떤 학생이 중간고사에서 수학 점수를 90점 받았다고 가정해보 겠습니다. 그러면 보통 "엄마, 기말고사에서는 100점 맞을게요"라고 이야기하는 경우들을 많이 봅니다. 100점을 맞겠다는 아이의 자세 는 참으로 훌륭합니다. 다만 부모님이라면 목표를 좀 더 구체적으로 세우도록 해줄 필요가 있습니다. 몇 점을 받겠다는 점수 목표는 막연 한 목표입니다.

목표는 점수 목표보다는 구체적인 개념, 단원 등의 목표여야 합니 다. 이번 시험에서 왜 90점을 받았는지, 틀린 10점은 어떤 단원 및 개념이었는지 오답 분석을 하고, 이를 기준으로 다음 시험의 목표를 세우게 지도해주세요. 위의 말 대신 "엄마, 이번 중간고사에서는 '1 차식으로 나눠지는 다항식 문제'를 틀렸으니, '1차식에 대한 개념을 다시 잡고 2차식으로 나눠지는 다항식 문제'를 좀 더 다져서 100점 맞을게요"라는 구체적인 목표를 아이가 생각할 수 있어야 부족한 부 분을 정확히 알고 현명하게 다음 시험 대비를 할 수 있습니다.

목표 설정이 완료되었다면 다음으로는 평소에 약한 과목과 개념 에 대한 오답노트를 작성하게 하세요. 오답노트는 초등학생 때 습관을 들이면 고3 수험생 때까지도 유용한 수단입니다. 실제로 우등생들을 살펴보면 수능을 보러 갈 때까지도 책을 들고가기보다 오답노트를 들어가는 학생들이 많습니다. 오답노트는 누적된 나만의 학습 자산인 셈입니다. 물론 누적된 오답노트의 수가 적을수록 그만큼 실력이 뛰어나다는 의미이니, 오답노트 수가 적은 것이 좋겠지만요.

학습 ⑤ : 선택과 집중,
고난도 문제에 집중하기보단 맞힐 수 있는 문제부터

학생들을 상담하다 보면, 학습에 대한 구체적인 점검 없이 진도만 나가는 학생들이 더러 있습니다. 그저 '다른 친구들이 이렇게 하니까 나도 이렇게 하면 되겠지' 하며 막연하게 공부하는 학생들입니다. 그러다 보니 자신의 문제점을 잘 모르고 "선생님, 저는 선행 학습을 이렇게 했는데 왜 성적이 잘 안 나올까요" 같은 겉도는 고민들만 가집니다. 거의 다 쉬운 개념이나 단원에 대해선 소홀히 하고 어려운 개념과 단원에 대해서만 집중하는 경우입니다.

우선 쉬운 부분, 즉 아이가 충분히 해결할 수 있는 것부터 완벽하게 소화하는 것이 중요합니다. 기본에 충실하지 않고 그저 남들이 하는 모습을 보며 고난도 문제에 집중하는 것은 큰 의미가 없습니다.

아이가 지금 이러한 모습이라면, 혹은 무작정 선행을 하려고 생각하신다면 당장 멈추세요. 아이가 맞힐 수 있는 개념과 이론에 더 우선적으로 집중할 수 있게 계획을 수정해야 합니다.

난이도는 차근차근 하나씩 높이며 나아가야 합니다. 먼저 단계별로 단기 목표를 설정해줍니다. 단기 목표를 이루었을 때 아이들이 느끼는 성취감은 매우 크게 다가옵니다. 저학년이라면 이 성취감이 공부에 흥미를 지속적으로 느끼는 원동력이 됩니다. 하나씩 블록을 쌓아 원하는 모형을 만드는 것처럼, 하나씩 달성할 수 있는 것부터 선택과 집중하여 큰 목표를 이룰 수 있게 해주시길 바랍니다.

마인드 ① : 실패한 자가 패배하는 것이 아니라, 포기한 자가 패배하는 것이다

아주 오래 전, 메이저리그의 전설적인 선수 베이브 루스를 알고 계시는지요. 그는 21년 동안 홈런을 무려 714개나 쳐낸 전설의 홈런왕입니다. 대부분의 사람은 베이브 루스를 '홈런왕'으로만 기억합니다. 그럼 베이브 루수가 삼진을 당한 개수가 몇 개인지 아시나요? 무려 1330개로, 홈런보다 약 2배 많습니다. 홈런왕 베이비 루스는 홈런 이면에 삼진도 어마어마하게 많았던 것이지요. 삼진을 당하면서 홈런을 치기 위한 방법이 느는 것처럼, 실패는 성공으로 가기 위한 밑거름이 되기도 합니다.

　"아무것도 하지 않으면, 아무 일도 일어나지 않는다"라는 말이 있습니다. 다양한 경험을 할수록 그 과정에서 배우는 것도 많고, 느끼는 것도 많습니다. 그만큼 목표를 구체화시켜 갈 수 있습니다. 아이들이 저학년일수록 다양한 경험을 통해 아이가 알고 있었던 것 외에 더 많은 진로가 있다는 것을 체험하는 것이 중요합니다. 이러한 경험을 통해 처음에 생각했던 자신의 진로를 변경하거나 구체화할 수 있게 되는 것이지요.

　저학년이든 고학년이든 다양한 교내 활동을 추천합니다. 학교에서는 아이들이 진로와 관련하여 활동을 하도록 지원하고 있습니다. 활동을 하면서 '내가 생각한 진로가 나랑은 맞지 않구나' 하는 것을 깨닫거나 반대로 '생각보다 나랑 너무 잘 맞는 진로구나' 하는 생각을 할 수도 있습니다. 어느 쪽이든 유익한 경험입니다. 실패한 경험이라도 성공을 위한 밑거름이 되는 셈입니다. 다음은 제가 만났던 학생 중 우연히 얻은 색다른 경험으로 공부할 힘을 얻은 학생의 이야기를 소개합니다.

　당시 고1이었던 이 학생은 고등학교에 입학해서 1학기 내내 열심히 공부해도 성적이 오르지 않아 지쳐 있는 상태였습니다. 그러다 문득 기분전환이 필요하다고 하여 도서관에서 거들떠보지도 않던 분야들을 살펴보았습니다. 그때 눈에 들어온 것이 『광기와 우연의 역사』라는 책이었습니다. 학생이 책 제목을 보고 처음 든 생각은 다음과 같았습니다.

'난 열심히 공부해도 역사를 만들어내기 어려운데, 광기와 우연에 의해서 역사가 만들어진다니 세상이 너무 불공평한 것 아닌가?'

하지만 이런 생각이 오히려 책을 읽는 호기심을 불러왔을까요. 책을 읽게 된 학생은 책 제목에서 느꼈던 것이 아닌 전혀 다른 내용을 마주쳤습니다. 역사는 순간의 광기와 우연에 의해서 만들어지는 것이 아니라 그 이면에 수많은 실패와 좌절이 숨어 있다는 사실을 말이죠. 책을 다 읽고 난 후, 학생은 이렇게 생각했습니다.

'나만의 역사를 만들어가기 위해서는 수많은 실패와 좌절이 당연히 따르는구나. 힘내서 다시 열심히 공부에 정진하겠다!'

마인드 ② : 2등이 1등을 이기는 방법

난센스 퀴즈를 하나 내보겠습니다. 달리기 시합을 하다가 어떤 달리기 선수가 2등을 이겼습니다. 그럼 그 달리기 선수는 몇 등이 되었을까요?

1등이라고 답하신 분들이 많으실 거라고 예상하는데, 아쉽지만 1등이 아닙니다. 2등을 이겼으면 2등이 되겠지요.

중학생들을 대상으로 강의를 하다보면 가끔 이런 질문이 들어옵니다.

"선생님, 제 친구가 자사고를 목표로 하고 공부하고 있는데, 그 아이는 선행이 엄청나요. 저도 지금부터 자사고를 목표로 준비하고 싶은데 너무 늦지 않았나요?"

저는 다양한 이야기를 해줍니다. 결론은 다음과 같습니다.

"선행이 늦었다고 생각하면, 지금부터 자투리 시간을 활용해서 앞서가는 학생보다 학습량을 더 늘려보면 어떨까?"

열심히 달리기를 하고 있다고 가정해보겠습니다. 2등이 1등을 이기려면 같은 속도로 뛰어서는 절대 이길 수가 없습니다. 그만큼 더 빠른 속도로 뛰어야 하겠지요. 마치 토끼와 거북이의 달리기 시합처럼 말이죠. 아이가 남보다 늦게 시작했다고 생각한다면, 다른 학생들이 잘 활용하지 못하는 자투리 시간을 활용하면 충분히 따라잡을 수 있다고 꼭 이야기해주세요.

특목·자사고에 입학한 학생들을 보면 선행을 하고 온 학생들이 많습니다. 그중에는 간혹 자신의 선행 정도를 믿고 수업에 집중하지 않는 학생들도 있습니다. 이런 학생들의 결과는 좋지 못합니다. 선행이 많이 안 되었지만 성실하고 꾸준하게 공부하는 학생들이, 선행을 믿고 공부를 등한시하는 학생보다 더 잘하게 되는 경우도 많습니다. 늦었다고 생각했을 때 시작하는 것이 가장 빠른 것이라는 이야기로 아이들에게 동기부여를 해주었으면 합니다.

마인드 ③ : 성실이 선행을 이긴다

"성실이 선행을 이긴다."

제가 참 좋아하는 말입니다. 정말 선행을 많이 한 학생들보다 성실한 학생이 성적이 더 잘 나올까요? 제가 하나고 진학부장으로 있을 때 겪었던 한 학생의 일화를 소개합니다.

그 학생은 중학교 3년 동안 전교 1등을 한 번도 놓친 적이 없을 만큼, 실력이 매우 우수하고, 성실하며 책임감 있는 학생이었습니다. 그러나 고등학교 입학 후 처음으로 치르는 1학년 1학기 중간고사 성적을 받고 충격을 받았습니다. 지금까지 단 한 번도 받아본 적이 없는 점수와 등수였기 때문입니다. 보통 이런 경우에는 둘 중 하나를 선택합니다. 전학을 가거나, 남아서 더 열심히 하거나. 이 학생 역시 고민을 많이 했습니다. 고민 끝에 내린 선택은 '남아서 더 열심히 하자'였습니다.

그렇게 결정하고 나서 며칠이 지난 뒤, 이 학생은 모두가 주목할 만한 모습으로 변했습니다. 쉬는 시간마다 친구들과 이야기하는 데 시간을 다 보냈던 예전의 모습은 온데간데없었습니다. 이 학생은 화장실도 오전에 한 번, 오후에 한 번만 가고 점심과 저녁 식사시간에는 줄 서는 시간도 아까워 15~20분 늦게 식사하러 갔습니다. 물론 그 시간을 부족한 공부를 채우는 시간으로 활용했습니다. 쉬는 시간과 식사시간 같은 자투리 시간을 모아보면 하루에 대략 1시간 남짓됩니다. 주 5일이면 5시간이나 되는 것이죠. 다른 학생들보다 일주일에 5시간을 더 공부할 수 있는 시간이 생긴 셈입니다.

1학년 중간고사 이후 그렇게 시간을 보낸 이 학생의 결과는 가파른 성적 상승이었습니다. 확 오른 기말고사 성적을 본 학생은 여기서 깨닫게 됩니다. '고등학교에 입학한 후 중학교때 공부했던 정도로는 어림이 없었구나' 하고 말이지요. 이 학생은 이후에 이런 공부 패턴을 일관되게 유지했고, 3학년 1학기 때는 전교권에 올라서게 되었습니다. 결국 본인이 원하는 대학에 합격하는 기쁨을 누리게 되었습니다.

졸업식 날, 이 학생이 제게 이렇게 이야기한 것이 기억납니다.

"선생님, 고등학교 3년 동안 정말 많이 강해진 것 같아요. 앞으로도 어디서든 해낼 수 있다는 자신감이 생긴 것 같아요."

선행이 늦었다고 해서 공부가 늦은 것은 아닙니다. 성실은 선행을 이길 수 있습니다. 아이에게 강한 압력을 주기보다는, 격려와 조언으로 꾸준히 성실하게 공부할 수 있도록 해주세요. 그리고 아이들에게 꼭 말해주세요. "성실이 선행을 이긴다"라고 말입니다.

성공적인 입시를 위한
부모님의 올바른 역할

아이가 현명하게 자랄 수 있도록
도와주는 것이 부모의 역할

부모가 원하는 대로, 또 부모가 기대하는 만큼 아이들이 잘 따라주지 않아 가끔 힘이 드실 때가 있으시지요. 예전 부모님 세대 때의 모습과 지금 아이들의 모습을 비교해보면 정말 속 터질 때가 많을 것입니다. 아이들에게 어떤 이야기를 하면 "또 잔소리야. 대화가 안 통해"라는 소리부터 심지어는 필터링되지 않은 잘못된 말까지 들으며 대화를 피하려고 하는 아이들도 있습니다. 그럴 때면 속이 타들어가고 심할 땐 우리 아이가 아닌 것 같다는 생각이 드실 때도 있으실 테지요.

아이가 자라며 갈등이 가장 많이 생기는 순간이 공부와 관련해서입니다. 부모님들도 어렸을 적, 공부와 관련해서 크고 작은 다툼을 부모님들과 많이 겪어보셨을 것입니다.

공부를 지도할 때 아이와 소통하기 위해서는 아이들의 기준에서 생각해볼 필요가 있습니다. 무조건 부모의 눈높이에서 아이들을 바라보려고 하지는 마세요. 부모의 생각대로 아이들이 자라주는 것을 기대하는 것이 아닌, 아이가 현명하게 잘 클 수 있도록 하는 것이 슬기로운 부모의 역할이니까요.

마지막으로는 아이의 공부를 성공적으로 뒷바라지하기 위해 부모님들께서 해주셔야 할 역할을 질문과 대답 형식으로 말씀드리겠습니다. 실제로 강의를 하면 많이 묻는 사항들이기도 합니다. 제가 드리는 이 답이 정답까진 아니지만 아이와 소통하며 나아갈 수 있는 하나의 길이 되는 데 도움이 되었으면 합니다.

진로를 위한 우선순위로는 무엇을 둬야 할까요?

아이의 진로를 위해서는 어떤 활동들을 해야 할지 많이들 궁금해하십니다. 집이나 학교에서 진로를 위한 활동으로는 교과활동, 동아리활동, 독서활동 등 다양한 활동들이 있습니다. 학년이 올라가면 동아리활동을 가장 먼저 떠올릴 것입니다. 과학 진로를 생각한다면 과학 관련 동아리에 들어가는 것이지요. 물론 틀린 이야기는 아닙니다. 그러나 더 중요한 것이 있습니다. 바로 학업적인 역량을 키우는 것입니다.

학업보다 중요한 활동은 없다고 해도 과언이 아닙니다. 고입과 대입 모두 성적이 제일 중요하기에, 성적을 우선적으로 생각하면서 부가적으로 다양한 활동을 하는 것을 생각해야 합니다. 그렇지 않으면 원하는 진로를 선택해도 성적 때문에 포기하게 되는 경우들이 생길 것입니다.

학부모님께서 현실적으로 느낄 수 있도록 구체적으로 말씀을 드리겠습니다. 아래 표는 앞에서 다루었던 특목·자사고의 입학 전형입니다. 고입의 경우 대부분 1단계에서 내신을 평가합니다.

전국 단위 자사고	• 1단계 : 내신+출결(감점) • 2단계 : 1단계 성적 + 면접(자기주도학습영역+인성)
외국어고, 국제고	• 1단계 : 영어 내신(160)+출결(감점) • 2단계 : 1단계 성적(160)+면접(40)(자기주도학습영역+인성)

대입 역시 마찬가지입니다. 대입에서도 가장 중요하게 평가하는 것이 내신입니다. 의예과를 포함한 이공계에서는 수학과 과학 학업이 첫 번째이고, 인문계 중 경영학과의 경우 수학과 영어 학업이 첫 번째입니다. 아이들이 다양한 활동을 통해 진로와 관련된 경험을 쌓

는 것도 중요하지만, 학업적인 역량이 최우선되어야 함을 잊지 마시기 바랍니다. 학업 역량이 갖춰지면 그다음에 진로와 관련된 활동의 비중을 늘려도 됩니다.

성적이 안 좋게 나온 아이에게
어떻게 동기부여를 할 수 있을까요?

아이가 열심히 공부했는데 성적이 안 나와 우울해할 때가 있죠. 제가 상담했던 학생을 예로 들면 "선생님, 중간고사에서 수학 과목이 70점대가 나왔어요. 그래서 메이저 자사고에 진학하는 걸 그냥 포기하려고 해요"처럼, 공부를 놓고 싶어 하는 식으로 이야기하는 경우가 있습니다. 이럴 때 부모는 어떻게 이야기하면 좋을까요?

"끝까지 최선을 다해보자." – X

위처럼 단순하게 말하면 크게 동기부여가 되지 않습니다. 이런 경우에는 방법이 더 구체적이어야 합니다.

"이 과목은 중간고사와 기말고사의 비중이 각각 30%이고, 수행평가 비중이 40%잖니. 그럼 중간고사는 끝났지만 아직 30%의 기말고사

와 40%의 수행평가가 남아있는 거잖아. 기말고사와 수행평가에서
고득점을 받는다면 90점 넘을 수 있겠네. 계산 한번 해보자." - O

위와 같은 식으로, 수치를 바탕으로 계산이 가능한 구체적 목표를
제시해주길 바랍니다. 수치화될 때 지금의 목표가 달성 가능한 목표
임을 깨닫기 쉽습니다. 실제로도 학교 시험을 한 번 망쳤다고 하여
기회가 사라지지는 않습니다.

"계산을 해보니, 기말고사와 수행평가에서 모두 100점을 받는다
고 가정하면 90점이 넘어서 A를 받을 수 있겠어요. 기말고사와 수행
평가에 최선을 다해볼게요!"

특목·자사고 입시를 위해서는
내신을 받기 쉬운 지역으로 이사해야 할까요?

'맹모삼천지교(孟母三遷之敎)'라는 말이 있습니다. 아이들 교육에
있어 환경이 그만큼 중요하다는 이야기이지요. 가끔 어머님 중에는
"내신을 받기 쉬운 비학군지로 이사 가는 것이 나을까요?"라고 질문
하시는 분들이 계십니다. 물론 비학군지가 아무래도 내신 경쟁이 치
열하지 않으니 내신을 받기 유리한 것은 사실입니다. 그럼 이사 가는

것이 나을까요? 그러한 결정을 하기에 앞서 먼저 생각해야 할 부분이 있습니다. 바로 아이의 학습 성향과 학업 역량입니다.

첫째, 아이 중에는 딱 어느 정도의 선을 정해놓고 '여기까지만 해도 잘한 거니 여기까지만 해야지' 하고 안주하려는 성향을 가진 아이들이 있습니다. 내신을 받기 쉬운 지역에서 내신을 잘받고 '이 정도면 됐어'라고 생각하고 그 이상 노력하지 않는 학생이라면 비학군지로의 이사는 추천드리지 않습니다. 비학군지에서도 그러한 모습을 보이게 되는 경우가 많습니다. 그 환경에 적응해서 더 발전하려 노력하지 않게 되는 것이죠.

둘째, 그럼 내신 받기 어려운 학군지로 가게 되면 아무래도 내신 경쟁이 치열하니 그만큼 아이가 더 열심히 공부할까요? 꼭 그렇진 않습니다. 지나치게 과도한 경쟁으로 인해 금방 지쳐 학업을 포기하려는 아이들도 있습니다. 그래서 아이의 학업 역량을 파악하는 것이 중요합니다. 부모님의 기대와 목표로 아이들의 학업을 포기하게 해서는 절대 안 됩니다.

물론 학업 역량이 충분히 검증된 아이라면 내신 경쟁이 뜨거운 학군지에서 치열하게 공부하게 하는 것이 좋습니다. 미리 그러한 경쟁에 익숙해지면 다른 경쟁에서도 그 역량을 충분히 발휘할 수 있기 때문입니다. 특목·자사고에서 중위권에 속했던 학생들이 대학교에 가면 공부를 잘하는 이유도, 학업 경쟁에 이미 익숙해져 있기 때문입니다.

셋째, 성실하지만 학업 역량이 애매하여 학군지에서 내신을 잘 받을 자신이 없는 아이라면, 비학군지에서 공부하게 하는 것이 좋습니다. 자신의 역량에 맞춘 환경을 선택하는 것이 중요한 이유이기 때문이지요. 다만 학원 수강은 등하원이 가능한 정도의 거리라면 가급적 학군지 학원으로 보내세요. 비학군지 학교에서 1등을 하는 것도 중요하지만, 경쟁이 치열한 학군지에서 다른 친구들의 모습을 보면서 '우물 안 개구리식의 공부'가 되지 않게 해주셔야 합니다. 결국 학군지와 비학군지 선택의 기준은 아이들의 성향에 따르는 것이 가장 중요합니다.

학군지로 이사하고 싶다면 빠를수록 좋고, 늦어도 초등학교 고학년 때에 가기를 추천합니다. 보통 학군지 아이들은 초등학교 고학년부터 선행을 시작하는 경우가 많기에, 비슷한 시기에 함께 준비하는 것이 좋습니다.

학원은 이름 있는 곳으로 보내야 하나요?

이름 있는 학원들의 광고에 학원을 여기에 보내는 것이 좋을까 고민하는 분들이 많습니다. 결론부터 이야기하자면 이름 있는 학원보다는 아이와 맞는 학원에 보내야 한다는 것입니다. 소문에 어디가 잘가르친다더라, 우리 옆집 공부 잘하는 아이가 다니는 학원이니까, 우리 동네에서 제일 큰 학원이니까 다르겠지 등의 사유로 판단하지 마세요. 아이에게 부족한 부분이 어디인지 꼼꼼히 살펴보고 아이 스스로가 원하는 학원에 보내야 바람직합니다.

어느 날, 한 어머니와 중학교 2학년 아이가 상담을 받으러 왔습니다. 어색함을 풀기 위해 이런저런 대화를 이어가다가, 갑자기 아이가 학원을 안 다니고 싶다는 이야기를 했습니다. 어머님은 그런 말을 한 번도 듣지 못한 것인지 심히 당황스러워하셨고 저는 아이에게 왜 학원을 안 다니고 싶은지 물었습니다. 하지만 아이는 대답하지 않았습니다.

어머님이 옆에 계셔서 조금 어려워하는 것 같아 어머님께 잠시 자리를 비워달라고 말씀드린 뒤, 다시 편하게 분위기를 만들고 물었습니다. 그제야 아이는 이렇게 대답했습니다.

"그냥 학원 선행과 숙제가 너무 벅차요. 원래 수학과 과학을 엄청 좋아했는데, 엄마가 다른 과목도 학원을 많이 보내서 너무 힘들고, 이제 수학과 과학도 흥미를 잃어가는 것 같아요."

실제로 아이의 일주일 스케줄을 들어보니 웬만한 대형 학원은 모두 다니는 상황이었습니다. 쉬는 시간이 없을 만큼 매우 힘든 일정과 많은 숙제로 가득했고, 아이는 본인이 원하거나 부족하다고 생각하는 공부를 할 시간도 없었습니다. 가장 안타까웠던 점은 엄마가 실망할까봐 말을 안 하고 참아왔다는 것이었습니다. 저는 이 아이에게 필요한 것은 스케줄 정리라고 생각하여, 어머님께 현 상황을 그대로 이야기드렸습니다.

아이를 괴롭히기 위해 학원에 보내는 부모님은 없습니다. 아이가 잘되는 것을 위해 보내는 것이고, 아이 역시 부모님의 그런 마음을 대부분 잘 알고 있습니다. 하지만 지나치면 앞선 사례처럼 아이가 흥미와 에너지를 잃을 수 있습니다. 학원 선택 시 가장 중요한 것은 '아이가 꼭 필요로 하는 학원', '아이에게 잘 맞는 학원'임을 잊지 마시기 바랍니다.

선행을 도대체 어디까지 하는 것이 좋은가요?

"선생님, 중3 기준으로 국어는 문학과 문법, 영어는 고3 모의고사 기준 1등급, 수학은 수I·II, 미적분까지는 무조건 끝내야 하는 거죠? 과학은 과탐II까지 모두 끝내야 하는 거잖아요."

어머님들의 아이들은 어떤가요? 이렇게 선행을 시키고 계시는지요.

분명히 말씀드리고 싶은 것은 '선행의 기준'은 없습니다. 물론 고등학교 입학 전까지 고등학교에서 배우는 대부분의 과목들을 완벽하게 해놓으면 고등학교에서 편하기는 하겠지요. 그러나 그 정도까지 제대로 끝내놓는 학생들이 과연 얼마나 있을까요.

선행은 아이들이 나중에 조금 어려워할 만한 과목을 몇 개 선택하여 하는 게 바람직합니다. 또한 어느 과목이든 아무리 선행이 잘 되어 있다 하더라도 꾸준히 하지 않으면 안 됩니다. 특히 선행으로 가장 많이 신경 쓰는 수학은 문이과를 막론하고 대입에서 비중을 가장 많이 차지하는 중요한 과목입니다. 그러므로 가장 우선시하고 꾸준히 공부해나가도록 하길 바랍니다.

과학은 영재학교나 과학고를 목표로 하는 아이들의 경우 과탐II까

지 선행하는 경우들도 있지만, 수학이 제대로 되어 있지 않다면 과탐
I 정도까지만 선행해도 괜찮습니다. 일반고를 기준으로 과탐I은 고2,
과탐II는 고3 때 배우는 것이 일반적이기 때문입니다. 그리고 아이가
어떤 진로를 생각하느냐에 따라서도 선행이 조금 다릅니다. 의약계
열을 생각하면 화학I과 생명과학1을, 이공계열을 생각하면 물리1과
화학1을 선행하는 정도면 적당합니다.

TV, 스마트폰, 유튜브 같은 매체를
얼마나 허용해야 할까요?

아이마다 좋아하는 것이 다르고, 또 좋아하는 정도의 차이도 있습
니다. 어떤 아이는 게임, 어떤 아이는 음악, 어떤 아이는 드라마, 어
떤 아이는 친구 등 다양한 것들이 있지요. 그런데 아이들이 너무 깊
이 빠져 있지는 않는지, 간혹 어머님들께서 이러한 질문을 하시곤 하
십니다.

*"선생님, 아이가 스마트폰을 쓰는 시간이 많아서 이번 시험을 잘
보면 스마트폰을 허용해주기로 했어요. 얼마나 쓰게 하는 것이 적당
할까요?"*

저는 단호히 이렇게 말씀드립니다.

"중독성이 있는 것들은 시간을 최소화해주시고, 가급적 중독성이 없는 다른 것으로 보상을 받게 해주세요."

아이들은 아직 스스로 제어하지 못하는 경우가 많습니다. 공부를 하다가 쉬는 시간이 되면 본인들이 가장 좋아하는 것으로 휴식을 얻으려고 합니다. 그 수단이 중독성이 있는 것이라면 가급적 중독성이 약한 다른 것으로 바꾸는 것이 좋습니다. 한 번에 바꿀 수 없다면, 단계별로 하나씩 바꾸며 목표를 이루어갈 수 있게 말이지요.

실제로 상담한 학생 중에 드라마에 푹 빠져 학교 성적이 아주 나빴던 여학생이 있었습니다. 어머님의 속이 까맣게 타들어가고 있는 상황에서 상담을 오신 거였죠. 공부에 대한 열의는 있었으나 학원 수업이 끝나면 드라마를 다운받아 하루에 한두 시간 드라마를 시청했었습니다. 저는 아이에게 다음과 같이 말했습니다.

"선생님과 약속 하나만 하자. 드라마 계속 봐도 돼. 그런데 평일에 말고 주말에 몰아서 보는 것은 어떨까? 평일에는 공부에만 신경 쓰고 드라마는 주말에만 보는 것으로 구분해보자. 그렇게 해볼 수 있겠니? 선생님이 봤을 때는 드라마 보는 시간만 줄여도 성적은 많이 오를 것 같구나. 우선 공부에 대한 열의가 있어서 그것만 잘 지키면 분

명 성적은 오를 거야."

한 학기가 지나 그 여학생을 다시 만났습니다. 전반적으로 성적이 눈에 띄게 향상되었습니다. 주말에 드라마를 몰아서 보니 평일에는 공부에 더 집중할 수 있게 되었고, 상대적으로 주말엔 좋아하는 것을 보며 휴식을 취할 수 있게 된 셈이었습니다. 저는 이 학생의 첫 번째 목표에 대해 칭찬을 하고, 그다음에는 주말에도 드라마를 시청하는 시간을 줄이는 식으로 단계를 밟았습니다. 이것이 반복되어 그 여학생은 스스로가 시간을 조절할 수 있게 되었습니다. 원하는 학교 역시 진학하게 되었죠.

학기 초 상담, 학교 선생님께 어떤 내용으로 상담받아야 할까요?

학기 초가 되면 담임선생님과 상담을 많이 하게 됩니다. 학년이 바뀌며 기대되는 것도 있지만 반대로 걱정도 많이 되실 겁니다. '우리 아이가 새로운 환경에서 잘 적응할 수 있을까?, 담임선생님과 잘 맞을까?' 하는 걱정들로 인해, 학교에서 어떤 내용으로 상담을 받는 것이 좋은지 조언을 구하시는 분들도 계십니다. 저는 이렇게 말씀을 드리곤 합니다.

"부담 갖지 마시고, 아주 기본적인 내용을 물어보셔도 됩니다. 아이의 학교생활은 어떤지, 친구 관계는 어떤지, 그리고 앞으로 공부와 입시를 위해서 어떻게 준비해야 하는지 정도로요. 그리고 특별히 아이에 대해서 담임선생님께서 아시고 계시면 좋을 만한 특징이나 성향 등 몇 개만 말씀하셔도 좋고요."

학교 선생님과의 상담은 아이가 학교에 잘 적응하고 있는지, 특별한 문제는 없는지를 확인하는 정도로도 충분합니다. 만일 아이가 특목·자사고를 목표로 한다면 "선생님, 우리 아이가 어떤 학교를 목표로 준비하는데, 아이에게 많은 조언 부탁드립니다"라고 목표로 하는 학교를 이야기해주시는 것도 좋습니다. 담임선생님은 보통 이런 내용을 기억하고 있다가 생활기록부에 담을 내용, 교내활동, 목표하는 학교의 정보 등을 이야기해주십니다. 이를 계기로 더 가까운 관계를 형성할 수 있습니다.

담임선생님과 소통하는 시간이 많을수록 아이에 대해 더 많이 알게 될 것이며, 자연스럽게 아이가 목표하는 것에 더욱 다가갈 수 있는 기회가 됩니다.

학교에서 상담을 받고 왔는데,
상담받은 내용 그대로를 이야기해주어야 할까요?

좋은 내용은 그대로 이야기해도 괜찮습니다. 하지만 대체로 안 좋은 이야기일 때 이런 고민을 하게 되죠. 그것이 학업 관련 태도일 수도 있고, 평소 생활습관, 친구 관계일 수도 있겠지요. 좋지 않은 내용은 그대로 전달하기보다는 걸러서 말하거나 우회적으로 이야기해주는 것이 좋습니다.

예를 들어서 학교에서 아이가 순간 집중력은 좋으나 대체로 공부를 많이 안 해서 걱정이라는 말을 들었다고 보겠습니다. 보통은 다음과 같이 말하게 될 것입니다.

"오늘 학교 선생님과 상담하고 왔는데, 공부할 때 순간 집중력은 좋지만 정작 공부를 많이 안 한대. 엄마가 걱정이야. 공부 시간을 좀 늘려야 되지 않니? 엄마가 봐도 너 공부하는 시간이 적잖아."

긍정적인 이야기는 적고 부정적인 이야기만 가득합니다. 이렇게 말하다 보면 감정이 담길 수도 있는 등, 관계를 악화시키는 원인이 되기 마련입니다. 일단 장점을 살리면서 아쉬운 점을 보충하면 좋겠다는 식으로 이야기해주세요. 또한 학교 선생님은 무작정 부정적인 이야기만을 하지는 않습니다. 선생님께서 이야기한 좋은 점과 구체적인 보완점을 중심으로 편하게 이야기하면 아이도 개방적인 자세로 받아들일 것입니다.

"오늘 학교 선생님과 상담받고 왔는데, 순간 집중력이 매우 좋은 것 같다고 하시네. 그런 모습은 더 깊이 있게 공부할 수 있는 큰 자산이라고 칭찬해주셨어. 그런데 한 가지 아쉬운 건 순간 집중력이 매우 좋은데, 학습량이 약간 부족한 것 같대. 학기 초라 그런지 친구들 사귀려고 친구들과 대화하는 시간이 많아서 그런가 봐. 집중력이 좋아 학습량까지 조금 많아지면 어느 정도까지 역량이 커질지 엄청 기대된다고 하시더라."

"쉬는 건 좋은데, 쉬기 전에 수학 문제를 하루에 몇 문제씩만 더 풀어볼까? 엄마도 성적 많이 올라갈 것 같아서 엄청 기대가 돼. 그리고 엄마도 학창 시절을 보내보니, 일부러 친구를 사귀려고 막 노력하지 않아도 괜찮아. 우선 친구들은 공부를 잘하는 친구들을 좋아하거든. 또 인성적으로 괜찮으면 친구들이 저절로 모이게 되더라. 그렇게 해보자."

학교에서 문제가 생기면
부모가 어떤 개입을 해야 할까요?

학교생활이 어디 순탄하기만 할까요. 어떤 아이는 선생님과의 관계 문제로, 어떤 아이는 친구 문제로, 또 어떤 아이는 성적 문제 등으로 힘들어할 수 있습니다. 특히 친구 문제가 발생했을 때는 혹시 직접 개입해서 해결하시려고 했던 적도 있으신지요. 부모님의 학교 생활 개입에 대해서 저는 크게 두 가지로 이야기하고 싶습니다.

① 충분한 공감으로 아이의 편이 되어주자

여기 수업 시간에 떠들지 않았는데 선생님의 오해로 꾸중을 들은 아이가 있습니다. 아이는 얼마나 억울할까요. 집에 오자마자 다음과 같이 성토합니다.

"엄마, 나 오늘 수업 시간에 친구가 뭐 물어봐서 잠깐 대답해줬는데 선생님이 떠든 줄 알고 내게 뭐라고 하셨어. 그래서 기분이 안 좋아."

"으이그. 잘했다, 잘했어. 혼나도 싸."

우리 부모님들의 모습은 어떠신가요? 이런 상황에서 가장 중요한 것은 '공감'입니다. 어떤 문제가 발생했을 때, 아이의 말을 우선 끝까지 천천히 들어주세요. 중간에 하고 싶은 말이 있어도 말을 끊지 마세요.

"아이구, 그랬구나. 많이 억울하고 난처했겠네."

그때부터 아이는 든든한 자기 편이 생겼음을 느껴 그동안 쌓여 있던 힘들었던 것들을 하나씩 풀어놓기 시작합니다. 그저 아이의 말에 부모님이 공감하는 것만으로도 이미 아이의 마음이 절반 이상은 풀려 있을 것입니다. 그러면서 자연스럽게 말을 이어나가세요.

"선생님은 수업 시간에 수업에 집중하지 못하고 누군가 이야기한다면 그렇게 오해하실 수도 있으실 거야. 그렇지만 크게 걱정하지 않아도 돼. 시간이 지나서 선생님께서 너의 본모습을 알게 되면, 언젠가 선생님이 오해했다고 생각하실 거야. 그 상황에서 선생님께 아무 얘기 안 하고 지나간 것은 잘한 거란다. 어떤 말을 해도 선생님은 변명이라고 생각하고 화를 더 내실 수도 있었는데 말이야."

"엄마가 살아보니 언젠가 그 사람의 진짜 모습을 알게 되었을 때 미안한 마음을 갖게 되고, 그 시간이 지나면 더 돈독한 사이가 되는 경우도 많이 봤어. 엄만 항상 네 편이야. 그러니 너무 마음 쓰지 말고. 그냥 평소처럼 네 할 일 하자, 알겠지?"

② 아이들끼리의 문제는 아이들끼리 풀게 하기

아이들끼리 어떤 문제가 생겼다고 해서 무조건 부모가 개입하려고 하지는 마세요. 큰 문제가 생긴 것이 아니라면 어른은 아이들에게 딱 필요한 만큼만의 조언, 또 아이들끼리 서로 해결할 수 있는 분위기를 만들어주는 정도로 최소한의 개입을 하는 게 좋습니다. 사소한 문제라면 결국 아이들의 문제는 아이들끼리 풀게 하는 것이 가장 좋은 방법입니다.

제가 담임으로 있던 반에서 생겼던 일입니다. 다섯 명의 매우 친한 여학생 그룹이 있었는데, 그중 한 명이 다른 친구들로부터 소외를 당한 적이 있었습니다. 한 명의 여학생이 불러일으킨 어떤 사소한 행동 때문이었지요. 먼저 소외된 아이의 이야기를 따로 들어보고, 나머지 네 명의 이야기를 따로 들어보았습니다. 다 들어보니, 각자의 기준에서만 생각하고 판단하여 오해가 생긴 상황이던 것입니다.

저는 우선 본인의 기준에서만 생각하고 있는 부분을 각각 짚어주고, 자신들의 이기적인 생각과 행동을 받아들일 수 있도록 충분한 시간을 주고 돌려보냈습니다. 그리고 그날 저녁, 자율학습 시간이 되었습니다. 저는 다섯 명을 빈 교실에 모이게 하고 다음과 같이 말했습니다.

"선생님이 각자의 이야기를 들어보니, 너무 본인 기준에서 생각했

던 것들이 있었던 것 같아. 너희들 다섯 명 모두 다른 친구들이 부러워할 정도로 엄청 돈독했잖아. 어찌보면 지금 이 상황은 매우 사소한 것으로부터 기인한 거라고 생각해. 지금까지 너희들이 함께 했던 시간들을 아무 의미 없게 만들 만큼 엄청 심각한 일은 아니지 않을까? 선생님은 오늘 너희들 자습 안 시킬 거야. 너희들의 오해가 다 풀리면 그때부터 자습시킬게. 그리고, 너희들 모두가 정말 아무 일 없던 것처럼 예전과 같은 사이로 돌아가겠다는 마음이 생기면 그때 선생님에게 이야기하렴."

그리고 나서 30분, 1시간, 2시간이 지났습니다. 시간이 오래 흘렀지만 저는 일부러 개입하지 않고 상황을 지켜만 보고 있었습니다. 거의 3시간이 지날 무렵 다섯 명이 저를 찾아왔습니다. 오해가 풀렸다고, 이런 시간을 만들어주셔서 감사하다고 말이지요. 이 5공주는 20년이 지난 지금도 아주 돈독한 사이로 지내고 있습니다.

아이들끼리 해결하도록 하라는 것이 아이들끼리의 문제에 관심을 가지지 말라는 말은 전혀 아닙니다. 대신 필요한 조언을 주고, 아이 스스로가 상황을 풀고 좋게 해결할 수 있도록 지원해주라는 의미입니다. 이러한 경험을 통해 아이들은 타인을 더 이해하는 인재로 자랄 것입니다.

아이가 지킬 수 있는
현실적인 목표는 어떻게 세워야 할까요?

우선 큰 목표를 설정하여 제대로 된 방향을 잡는 것은 중요합니다. 그런데 너무 큰 목표만 있고 당장 실천해야 하는 구체적인 목표가 없다면 금세 방향을 잃을 수 있습니다. 또한, 당장 실천해야 하는 목표가 뛰어넘기 힘든 너무 높은 허들 같다면, 하나 뛰어넘기도 전에 모든 것을 포기할 수도 있습니다. 아이의 상황과 역량에 맞게 당장 뛰어넘을 수 있는 목표를 설정해줘야 합니다.

아이들과 상담을 하다 보면, 꼭 맞혀야 하는 쉬운 문제는 맞히지 못하고, 소위 말하는 킬러 문항에만 매달리는 아이들이 있습니다. 그럴 때 저는 아이들에게 이렇게 말합니다.

"지금 이 문제 중에서 정말 손대기 어려운 문항이 몇 문제니? 그 문제는 지금 공부하지 말고, 우선 맞힐 수 있는 문제부터 다 맞히자. 그런 다음에 어려운 문제 중에서 한 문제씩 맞혀 나가자."

그렇습니다. 아이에게 너무 높은 허들을 넘게 하시지는 않는지요. 그렇게 되면 남은 허들을 넘기도 전에 포기하려는 아이들도 많습니다. 허들 하나를 넘으면, 그다음 허들도 넘을 수 있겠다는 자신감을 가지고 학업에 임하게 해주세요. 그래야 그다음 목표에 대한 기대감도 생기게 됩니다.

작은 것 하나라도
계속 칭찬해주는 게 좋을까요?

아이가 한 일 열 가지 중에 아홉 가지를 못하고, 한 가지만 잘했다면 어떤 것을 더 많이 이야기하시나요? 보통은 못한 아홉 가지일 듯합니다. 하지만 가치관, 정체성이 완벽하게 형성되지 않은 아이들은 작은 칭찬 하나에도 모든 것을 다 가진 듯한 기분이고, 그 칭찬 하나가 밑거름이 되어 더 노력하는 경우가 많습니다.

성적표가 '수우미양가'로 나오던 시절에 돌아다니던 유머가 있습니다. 어떤 아이가 한 과목만 '양'이고 나머지 과목 모두 '가'를 받았을 때, 성적표의 종합의견란에 이렇게 적혀져 있었다고 합니다.

"아이가 한 과목에만 너무 집중하는 것 같습니다."

정말로 선생님께서 그렇게 생각하셔서 한 말씀은 아니겠지요. 그런데 대개 부모님의 반응은 어떨까요? 넌 누굴 닮았느냐부터 학교 다녀서 뭐하냐는 상처를 주는 반응이 많을 것입니다. 충격 요법이라고 하는 분도 있지만, 글쎄요. 부모님의 이런 말은 아이에게는 사기 저하와 의욕 상실로 이어져 노력조차 하기 싫은 상황만 초래할 겁니다.

한 과목이라도 다른 과목에 비해서 성적이 조금 낮다면 그 부분을 더 크게 부풀려 아이들을 칭찬해주세요. 다음 시험에 '양'이 한 과목 더 늘어나거나 '양'에서 '미'로 올라갈 수 있는 원동력을 아이들에게 만들어주셨으면 합니다. 아이는 어떤 행동이나 결과에 대해서 칭찬을 기다리고 있는 경우가 많습니다. '오늘 이걸 잘했으니 엄마아빠가 이런 칭찬을 해주실 거야' 하면서 말이지요.

열 가지 중 한 가지만 잘했다면, 한 가지를 90으로 크게 칭찬하고, 못한 아홉 가지를 10으로 작게 이야기해주세요. 화초에 물을 주고 꽃피기까지 시간이 오래 걸린다고 해서 중간에 물을 주지 않는 경우는 없는 것처럼, 아이들 또한 그렇습니다. 지금도 우리 아이는 부모님의 그런 칭찬에 목말라하고 기다리고 있을지도 모릅니다.

아이가 제 기준에는 많이
부족한 것 같아 고민이에요. 어떻게 해야 할까요?

　부모님의 의지와 계획에 비해서 아이의 결과가 좋지 않아서, 갈등을 일으키는 때가 많죠. 혹은 무의식 중에 나오는 강압적인 태도로 인해 아이가 소심해지고 자기 의사를 표하지 못하는 경우도 있습니다. 하지만 이러한 태도는 공부에도 안 좋은 영향을 줄 뿐만 아니라 장기적으로 봤을 때 아이의 인생에 안 좋은 영향을 줄 수도 있습니다. 부모님들이 아이에게 어떻게 대하고 계셨는지를 돌아보기 위해, 상처 에피소드를 하나 들려드립니다.

　상담할 때의 일이었습니다. 성적이 최상위권은 아니었지만, 서류에서 느껴지는 것은 나름대로 최선을 다하는 것 같은 학생이었습니다. 아이에게 이런저런 이야기를 해주기 위해 대화를 시작했습니다. 성적은 어떻고, 생기부는 구체적인 사례가 많아 괜찮고… 그런데 갑자기 어머님이 가져오신 서류를 집어 드시더니, 아이의 얼굴을 툭툭 치며 이게 성적이냐고, 잔뜩 화나신 말투로 말씀하기 시작했습니다.

　제가 어머님께 정중히 자제해달라는 말씀을 드렸지만, 이어서 나온 어머님의 말씀은 충격적이었습니다.

"사실 뭘 해도 기대도 안 돼요. 집안에 의사 한 명 나오나 했었는데, 그것도 힘들 것 같고. 그냥 얼굴 안 보는 게 나을 것 같기도 해서 유학이나 보낼까 싶기도 해요."

제가 "어머니, 서류를 보았을 때는 나름대로 열심히 한 모습입니다. 앞으로 남아있는 기간 동안의 구체적인 학습 전략, 입시 전략을 이야기해줄 거니, 더 나아진 모습을 기대해보세요. 계속 어머님께서 이렇게 말씀하시면 제가 상담을 이어가기가 어렵습니다"라고 말씀을 드렸을 때, 이미 아이는 눈물을 주르륵 흘리고 있었습니다. 열심히 해도 어머니의 기준에 차지 않는 성적으로 인한, 그래서 마음이 힘들어 흘린 눈물이 아니었을까요. 아니면 열심히 하는 자신의 모습을 몰라주는 어머님에 대한 원망이었을 수도 있습니다. 물론 이후 지속적인 상담과 조언을 통해 아이는 부모님이 희망하는 의대는 아니어도 의사의 꿈을 이루었습니다. 아이들의 자존감을 부모님이 먼저 세워주려고 할 때, 비로소 아이는 다시 힘을 얻어 최대한의 역량을 발휘할 수 있는 것입니다.

이번에는 『노자』에 나오는 이야기를 하나 해보겠습니다. 한 스승이 지팡이를 제자들 앞에 놓고 말했습니다.

"이 막대기를 톱이나, 도끼, 그리고 손을 대지 말고 짧게 만들어봐라."

제자들은 수 개월 동안 머리를 싸매고 연구했지만, 어떻게 해야 할지 해답을 내놓지 못했습니다. 그런데 어느 날 한 제자가 앞으로 나가 스승에게 자신이 해보겠다고 말을 했습니다. 제자는 밖으로 나가더니 그 지팡이보다 더 긴 막대기를 가져다가 그 지팡이 옆에 놓았습니다. 스승은 그것을 보고 빙그레 웃으며 "길고 짧다는 것은 상대적 개념이다. 역시 그대가 해냈구나!" 하며 만족했습니다.

이는 장단상교(長短相較, 길고 짧은 것은 비교에서 비롯된다)에 대한 글입니다. 더 잘하는 아이와 늘 비교하며, 우리 아이를 못하는 아이로 주눅 들게 하고 있지는 않은지 반성해봐야 할 대목입니다. 이 글을 읽는 부모님은 누군가와 비교하며 아이들에게 상처를 준 적은 없으신지요.

'줄탁동시(啐啄同時)'라는 사자성어가 있습니다. 병아리가 알에서 깨어나 부화하려고 할 때, 어미 닭이 부화가 잘 될 수 있게 쪼아주는 것을 일컫습니다. 병아리가 아직 부화되는 시기가 되기도 전에, 어미 닭이 성급하게 알을 쪼게 되면 제대로 부화되기 어렵습니다.

아이도 이와 같습니다. 아이들이 무엇인가를 필요로 할 때, 부모의 역할은 부모의 기준으로 주도하는 것이 아닙니다. 아이들을 위한 조력자로서의 역할이 부모의 역할입니다. 지금 우리 아이는 누구의 기준에 맞추며 공부하고 있나요. 만일 부모님이 설정하신 기준이라면, 아이의 기준에 맞춰 역량을 펼칠 수 있게 도와주는 역할을 해주시기를 당부드립니다.

집과 가족은
아이들이 기댈 수 있는 유일한 안식처

대치동 한가운데에 있으면, 엄청 빠르게 돌아가는 아이들의 스케줄을 보곤 합니다. 학교 끝나고 얼른 학원 하나 갔다가, 중간에 긴 시간 동안 식당에서 줄을 서고, 짧은 시간 동안 음식을 후루룩 흡입하는 모습들. 6시가 되면 아이들 내려주는 차량으로 도로가 꽉 막히고, 또 10시가 되면 아이들 픽업하는 차량에 또다시 도로가 꽉 막혀 있습니다.

완전히 녹초가 되어 학원에서 내려오는 학생들. 지나가는 차창 안에서 들리는 대화는 "너 왜 오늘 지각했니", "너 왜 오늘 숙제 안 해 갔니", "너 왜 스터디카페로 안 가고 집으로 바로 가니" 등등. 아마 집에 가서도 비슷할 것입니다. "얼른 씻고 숙제해", "안 자니? 내일 늦게 일어나기만 해봐". 우리 아이들이 기댈 곳은 과연 어디일까요.

집은 아이들에게 어떤 의미가 있을까요. 혹시 아이가 '집에 가면 또 잔소리 들을 텐데' 하며 집 밖에서 서성거리고 있지는 않을까요? 얼마 전 뉴스에서 본 기사가 떠오릅니다. 자정에 아파트 벤치에 누워

잠든 여학생을 지나가던 행인이 경찰에 신고해 무사히 집에 돌려보낸 사건이 있었습니다. 혹시 우리 아이들의 모습은 아닐까요.

아이는 경쟁 사회 안에서 지금도 충분히 힘든 하루를 보내고 있습니다. 아이가 기댈 곳은 결국 집뿐입니다. 아이가 집에 돌아왔을 때 먼저 안아주시며 "아이구 고생했어. 오늘 특별히 힘든 일은 없었니? 사랑해 우리 아들, 딸"과 같은 따뜻한 말 한마디로 피로를 녹여주세요. 공부, 입시, 학교생활 모두 아이가 행복하게 살아가기 위한 수단임을 잊지 마세요. 아이들에게 집은 정말 편하게 쉴 수 있는 삶의 '안식처'가 될 수 있도록 해주셨으면 합니다.

부록

초중등 학부모가
꼭 알아야 할 입시 용어

초중등 학부모가 꼭 알아야 할 입시 용어

① **광역 단위 고등학교** : 학교가 소재한 지역인 시 혹은 도에서만 학생 모집이 가능한 학교(외국어고, 국제고, 광역 단위 자사고 등).

② **내신** : 학업적인 역량을 평가하기 위해 중간고사, 기말고사, 수행평가 등을 합산하여 점수화시킨 성적. 중학교는 절대평가인 성취도로 산출하고, 주로 상급 학교로의 진학을 위해 활용되는 지표.

③ **면접** : 직접 대면해서 질의에 응답하는 형식으로 진행되는 시험. 면접의 형식은 크게 학생이 제출한 자기소개서 또는 학교생활기록부를 기반으로 진행됨. 또한 학교 자체에서 공통 문항을 만들어 면접을 진행하기도 함.

④ **반영비율** : 평가 영역별로 반영하는 비율을 정해놓은 것.

⑤ **백분율** : 전체 응시생 중 내 위치가 얼마인지를 퍼센트로 나타내는 것.

⑥ **성취도** : 학교에서 정한 교육과정에 근거하여 학생들의 교육목표 달성 정도를 평가하는 척도. 주로 절대평가로 산출됨. 중학교는 대부분 5단계(A, B, C, D, E)로 평가함.

⑦ **원점수** : 수험생의 시험 점수(중간고사, 기말고사, 수행평가 등)를 단순히 합산한 점수.

⑧ **자기소개서** : 주로 고등학교 입시에서 활용되며 대부분 약 1,500자 이내로, 발문에 맞춰 작성하는 서류.

⑨ **자기주도학습전형** : 특목고(외국어고, 국제고, 과학고), 자사고 등에서 실시하며, 보통

내신, 서류(학교생활기록부, 자기소개서)와 면접을 통해 학생의 자기주도적인 역량을 검증하여 선발하는 고등학교 입학 전형 방식. 학생이 자신의 진로와 진학을 위해 중학생 동안 어떠한 노력을 어떻게 기울였는지에 대해 평가하며 선발함.

⑩ **전국 단위 고등학교** : 학교가 소재한 지역에 상관없이 전국에서 학생을 모집하는 학교 (영재학교, 전국 단위 자사고 등).

⑪ **전기 모집학교** : 고등학교 유형별 학생 모집시기에 따라 전기에 모집하는 학교.

⑫ **전형** : 학생 선발을 위한 정해진 형식의 선발 방법으로, 보통 단계별 전형을 통해 선발함(단계별 전형 : 단계를 거쳐 학생을 선발하는 전형).

⑬ **절대평가** : 한 집단에서 개인의 성적을 절대적인 기준에 따라 평가하는 방식.

⑭ **평균** : 과목별 응시생의 성적을 모두 합산한 뒤, 다시 전체 응시생으로 나눈 점수.

⑮ **학교생활기록부** : 학생의 기본 인적사항과 출결상황, 성적, 행동특성 등 학생의 학교생활 전반에 대해 작성된 서류로 주로 담임 교사가 작성함. 교과 영역과 비교과 영역에 대한 상세평가가 기록 가능함.

⑯ **학업성취도 평가** : 국가에서 정한 교육과정에 근거해 학생들의 학업 수준 달성 정도를 확인하는 평가.

⑰ **후기 모집학교** : 고등학교 유형별 학생 모집시기에 따라 전기에 모집하는 학교 이후에 후기에 학생을 모집하는 학교.

대학교 입시 용어

① **1단계 합격** : 전형이 단계별로 나눠져 있을 때, 1단계에서 합격하는 것을 의미함. 보통 학생부종합전형에서 1단계는 서류로 평가하고, 학생부교과전형에서 1단계는 내신으로 평가하여 1단계 합격자를 선발함.

② **가군, 나군, 다군** : 정시에서 학생을 선발할 때, 각 대학은 가군, 나군, 다군으로 나뉜 3개의 군에서 학생을 선발할 수 있음. 일반적으로 서울대의 경우처럼 나군 하나의 군에서만 선발하는 대학도 있고, 성균관대처럼 가군, 나군, 다군에서 군별로 분할하여 선발하는 경우도 있음(다만 동일한 학과를 군별로 따로 선발하는 것은 불가능). 따라서 정시에서는 각 군별로 하나씩 지원할 수 있어 최대 총 세 번 지원 가능함(카이스트 등 특수대학은 군외로 선발).

③ **가산점** : 모집단위의 특성에 따라 수능 성적 반영에서 특정 영역에 가산하는 점수. 예를 들어 정시에서 자연계열을 지원하는 경우, '과탐 과목을 응시한 학생에게 3% 가산함'이라고 되어 있으면 과탐을 응시한 학생들에게만 3% 가산점을 주어 유리하게 하는 방식.

④ **가중치** : 계열별 또는 모집단위별 특성을 고려하여 영역 내에서 비중을 달리하여 적용하는 개념. 어느 대학의 상경계열에서 수학 영역에 가중치를 부여한다면, 수능 총점이 같더라도 수학 성적이 우수한 학생이 유리함.

⑤ **교과** : 학생들이 고등학교 과정에서 학습하게 되는 각 교과. 크게 국어, 영어, 수학, 사회, 과학, 제2외국어, 기타 과목 등으로 나뉨.

⑥ **교과 성적** : 학생들이 고등학교 과정을 학습하고, 이를 일정한 기준에 의해 평가하여 산출되는 성적. 대입을 위해 매우 중요한 평가 요소로, 다른 요소(교내 활동 등)보다 가장 우선 챙겨야 할 것.

⑦ **교차지원** : 본인의 계열과는 다른 모집단위에 지원하는 경우를 의미함. 예컨대 수능은 인문계로 응시하고 자연계 학과에 지원하는 경우나, 반대로 수능은 자연계로 응시하고 인문계 학과에 지원하는 경우가 이에 해당됨. 주로 후자의 경우인 자연계열 학생이 인문계로 교차지원하는 경우가 더 많이 발생함.

⑧ **구술면접** : 대학에서 정한 일정한 기준으로 면접관과 수험생이 대면하여 질문에 대한 답을 직접 주고받으며 평가하는 방식. 면접관은 서류에서 미처 확인하지 못한 부분을 질의응답을 통해 파악하기도 함. 보통 지원자의 역량과 인성 등을 세밀하게 살피기 위해 꼬리질문을 통한 압박면접으로 이루어지는 경우들이 있음. 면접의 형식은 제출한 서류를 기반으로 한 '서류 기반 면접'과 대학 자체에서 제작한 '제시문'을 기반으로 한 제시문 면접으로 분류됨.

⑨ **대입 전형 시행 계획** : 대학이 학생 선발을 목적으로 입학 전형을 실시하고자 만든 세부 계획으로, 주로 고등학교 2학년 1학기 때 발표함. 학과별 모집인원, 전형방식, 전형 일정 등을 발표한 자료로, 시행 계획이기 때문에 최종 모집요강을 확인해야 함.

⑩ **대학별 고사** : 대학이 학생 선발을 위해 자체적으로 시행하는 시험으로 논술고사, 면접고사, 실기고사 등을 의미함.

⑪ **대학별 환산 점수** : 학생부 성적이나 수능 성적을 대학 자체적인 점수로 환산해서 나타내는 점수. 대학에서 정해놓은 과목별 반영 비율이나 가산점 등을 고려하여 변환한 점수임. 대학마다 환산점의 만점이 다르기 때문에, 대학끼리 서로 환산점을 비교하는 것은 큰 의미가 없음.

⑫ **모집단위** : 대학이 학생을 선발하는 기준이 되는 학과나 학부 등의 단위를 일컬음.

⑬ **모집요강** : 수시와 정시 모집 전반에 대한 구체적인 정보를 제공하는 문서로, 지원 자격, 선발 방식, 필요 서류, 전형 일정 등이 명시된 자료

⑭ **미등록 충원** : 합격한 학생이 등록하지 않은 경우를 미등록이라 하고, 미등록하여 발생한 결원을 채우기 위해 추가로 합격시키는 것을 의미.

⑮ **백분위** : 어떤 집단 내에서 개인의 상대적인 위치를 나타낸 것으로, 응시한 전체 학생 중 자신이 몇 퍼센트에 속해 있는지를 나타내는 지표. 예를 들어 어떤 학생의 수학 백분위가 80%일 경우, 20%의 학생들은 자신보다 더 높은 위치에 있다는 것을 의미함.

⑯ **변환표준점수** : 수능에서 과목별 표준점수의 유불리를 보정하기 위해 대학들이 백분위에 따라 다시 변환하여 산출하는 표준점수. 예를 들면 탐구 과목에서 만점을 받았음에도

탐구 과목에 따라 표준점수와 백분위의 차이가 나는 경우가 발생하기 때문에 이러한 차이를 보정하기 위함. 서울대를 제외한 연세대, 고려대 등 상위권 대부분 대학은 변환표준점수를 활용하고 있음.

⑰ **복수지원** : 수험생이 여러 대학 또는 여러 전형에 지원하는 것을 의미함. 수시 모집의 경우 최대 6개까지 복수지원이 가능하며, 대학마다 기준이 조금 다르지만 동일 대학 내에서 서로 다른 모집 단위에도 지원 가능하기도 함.

⑱ **비교과** : 교과를 제외한 모든 요소로, 일반적으로 교내활동(자율활동, 동아리활동, 진로활동 등)이 이에 해당됨.

⑲ **비교내신제** : 학교 내신 성적이 없어 내신을 평가할 수 없는 경우, 수능 성적을 기준으로 내신 성적을 대체하여 산출하는 제도.

⑳ **석차등급** : 일정 구간을 정해놓고, 학생들을 평가하여 상대적인 위치를 파악할 수 있는 지표. 등급으로 산출되는 과목은 2027학년도 입시까지는 9등급제, 2028학년도 입시부터는 5등급제로 산출됨.

㉑ **수능최저학력 기준** : 대입 전형의 평가 요소 중, 대학에서 정한 일정 수준 이상의 수능 성적을 의미함. 일례로 수능최저학력 기준이 '국어, 수학, 영어, 탐구 네 과목 중 3개 등급 합 7등급'일 경우, 언급된 과목 중 상위 세 과목 등급의 합이 7등급 이내여야 한다는 것을 의미함.

㉒ **수시 모집** : 보통 9월 중순에 원서 접수를 시작으로 12월 말까지 선발이 완료되는 모집 방식. 각 대학이 자율적으로 기간과 모집인원을 정하여 정시 모집(주로 12월 말~1월 초)에 앞서 신입생을 선발함. 수능 외에 다양한 선발 기준과 방법으로 학생을 조기 선발해 대학 선택의 폭을 넓혀주기 위한 제도임. 수시 모집의 최종 합격자는 등록 여부에 관계 없이 정시 모집에 지원할 수 없고, 수시 모집에서 미충원된 모집단위의 경우에는 정시 모집 또는 추가 모집으로 이월하여 선발함.

㉓ **수시 이월** : 대학마다 수시에서 모집 정원을 채우지 못하고 미등록 인원이 발생할 경우, 채우지 못한 해당 인원을 정시로 이월하여 선발하는 것을 의미함.

㉔ **예비순위** : 최초 합격자 발표 시 예비로 합격 기회를 받을 순위를 의미하며, 후보순위, 대기순위 등 다양한 용어가 사용되기도 함.

㉕ **원점수** : 본인이 취득한 점수를 의미하며, 내신과 수능에서 많이 활용되는 점수. 수능의 경우에 국어, 수학, 영어 영역은 원점수 만점이 100점이며, 한국사, 탐구, 제2외국어 및 한문 영역은 원점수 만점이 50점임. 다만 현행 대학수학능력시험에서 원점수는 제공하지 않음.

㉖ **이수단위** : 해당 학기의 주당 배우는 수업시수로 단위 수라고도 함. 2028학년도 입시부터는 학점으로 명칭하기도 함. 한 학기를 기준으로 주당 3시간 수업을 수강하면 3단위라고 함. 현 고등학교 교과과정은 교과별로 이수단위가 정해져 있는 경우가 많음. 또한 최소 이수단위는 고등학교에서 이수하기 위해 필요한 최소 단위 수로, 최소 이수단위를 충족하지 않을 시 대학 지원이 제한되는 경우도 있음.

㉗ **일반전형** : 일반적인 교육과정을 수행한 학생을 선발하는 전형으로, 어떤 특별한 지원 자격이 없이 일반 학생들을 대상으로 실시되는 전형.

㉘ **입결** : 입시결과의 줄임말로, 내신 최종합격 커트라인뿐만 아니라 경쟁률, 내신 평균, 50%컷, 70%컷 등을 포함함. 보통 대학에 지원할 때 전년도 입결, 전전년도 입결 등을 참고해서 지원 전략을 세우기도 함.

㉙ **전형 단계** : 입학전형 과정에서 학생들이 거치는 단계를 의미함. 모든 전형요소의 점수를 합산한 총점으로 한 번에 선발하는 경우를 일괄합산 전형이라 하고, 여러 단계를 거쳐서 학생을 선발하는 것을 단계별 전형이라 함. 주로 학생부교과전형에서는 일괄합산 전형이 많고, 학생부종합전형에서는 상대적으로 단계별 전형이 많음.

㉚ **전형 유형** : 대학에서 학생 선발 시, 평가 요소가 높은 비중을 차지하는 전형 요소를 기준으로 입학 전형을 분류한 것. 크게 학생부 위주(교과), 학생부 위주(종합), 논술 위주, 실기 위주, 수능 위주 전형 등으로 구분됨.

㉛ **정량평가** : 객관적으로 수치(량)화가 가능한 데이터를 사용하는 평가방법으로, 학생부교과전형에서 내신을 평가할 때 정량평가를 실시함.

㉜ **정성평가** : 전형자료를 바탕으로 평가자가 학생이 소속된 학교의 환경과 상황을 먼저 분석하고 평가하는 방법으로, 학생이 제출한 다양한 전형자료를 바탕으로 평가함. 주로 학생부종합전형이 정성평가 방식으로 평가함.

㉝ **정시 모집** : 수시 모집 이후 정해진 기간 동안 신입생을 선발하는 방식으로, 주로 대학수학능력시험(수능) 성적으로 선발하는 모집 방식.

㉞ **정원** : 대학교육협의회의에서 결정한 기준에 따라 대학의 모집단위별로 모집할 수 있는 최대한의 인원. 허가된 입학 정원 내에서 선발하는 정원 내 정원과 그 외 인원을 선발하는 정원 외 정원으로 분류함.

㉟ **최종 합격** : 미등록 인원이 발생하여 추가 합격을 진행해 최종적으로 합격한 경우를 의미함.

㊱ **최초 합격** : 지원한 전형에서 합격자 발표 시 최초로 합격한 경우를 의미함.

㊲ **추가 모집** : 정시에서 추가 합격을 한 학생들까지 등록 마감이 된 시점에서 미등록 결원이 발생할 경우, 대학은 이를 보충하기 위해 추가 모집(보통 2월 20일 전후~2월 말)을 실시할 수 있음. 정시에서 불합격한 학생 중 해당 연도에 입학을 원하는 학생들은 정시 모집 결과 후 발표되는 추가 모집에 지원 가능함.

㊳ **추가 합격** : 합격한 학생이 등록하지 않은 경우, 발생한 결원을 채우기 위해 추가로 합격시키는 것을 의미함.

㊴ **특별전형** : 대학이 정한 특별한 자격 기준에 충족한 학생을 선발하는 전형으로, 각 대학의 독자적 기준에 의해 운용됨. 대표적으로 농어촌학생 전형, 특성화고교(실업계) 졸업자 전형, 특수교육대상자 전형, 재외국민과 외국인 전형, 기초생활수급자 전형, 차상위계층 전형, 한부모가족지원대상자 전형 등이 있음.

㊵ **표준점수** : 자신의 원점수가 평균으로부터 얼마나 떨어져 있는지를 나타내는 점수. 시험의 난이도가 높을 경우 표준점수는 높게 나타나며, 난이도가 낮을 경우에는 표준점수가 낮게 나타남. 보통 수능에서 난이도가 높을 경우의 표준점수는 150점 내외, 난이도가 낮을 경우의 표준점수는 130점대가 나타나기도 함.